POÉSIES
DIVERSES
DE J. DELILLE.

Y.

POÉSIES
DIVERSES
DE J. DELILLE.

On y trouve quelques pièces inédites.

A PARIS,

CHEZ COLNET, Libraire, rue du Bac,
au coin de celle de Lille, N°. 618.

DE L'IMPRIMERIE DE MOLLER, MAISON DES
FILLES S.-THOMAS. AN IX. — 1801.

AVERTISSEMENT.

DE L'ÉDITEUR.

———

CES Poésies diverses , insérées dans des recueils peu connus (1), étaient comme perdues pour la gloire de leur auteur. Réunies et placées à côté des *Géorgiques françaises* , elles vont ajouter à la haute réputation de M. l'abbé Delille : tout ce qui est sorti de sa plume annonce un véritable poète.

L'Epître sur l'utilité des voyages est pleine d'énergie et d'images ; l'académie, qui la couronna , fut étonnée de trouver dans les vers d'un jeune concurrent , une audace d'imagina-

————

(1) Ceci ne s'adresse point à l'Almanach des Muses , qui, pendant plusieurs années , a mérité les suffrages de tous les amis de la bonne littérature.

tion aussi heureuse, une richesse d'expres-
sion aussi variée, et des tournures aussi poé-
tiques.

L'*Epître à M. Laurent* renferme des
beautés d'un ordre supérieur, qui seules place-
raient son auteur au-dessus de tous les rivaux
que l'esprit de parti cherche vainement à lui
opposer.

On sent, dans la *Satire sur le luxe*, la
touche brûlante de Juvénal, lorsqu'il n'est ni
ampoulé ni rhéteur.

Pope tout entier, son énergie, son mor-
dant, sa précision, se reproduisent ici dans la
traduction de la belle satire adressée au docteur Arbuthnot.

Plusieurs fragmens du *Poëme sur l'imagination*, font desirer plus vivement cet ouvrage
brillant, dont la publication achevera de con-
fondre ces critiques injustes, qui n'accordent
au Virgile français que le talent de traduire.

L'*Ode à la bienfaisance*, et quelques pièces
fugitives qui embellissent ce recueil, prouvent

que notre poète sait prendre tous les tons, et que tous lui conviennent,

Des morceaux inédits (1), et nommément un extrait d'un poème intitulé : MALHEUR ET PITIÉ , donnent un nouvel intérêt à cette réunion de *poésies diverses* , que je publie dans la seule intention d'honorer un poète dont le talent et la conduite sont dignes d'une égale admiration.

---

(1) Je les dois à la bienveillance d'un littérateur aussi distingué par son goût et son aménité, que par sa naissance,

POÉSIES
DIVERSES.

ÉPITRE

SUR

LES VOYAGES (1).

ENFIN, graces aux mains dont la sage culture
Dans toi, sans l'altérer, embellit la nature,
Nous voyons ton génie éclos avant le tems,
Et les dons de l'automne enrichir ton printems.
Ton goût s'est épuré; l'étude de l'histoire
A mûri la raison, en ornant ta mémoire.
L'art des vers t'a prêté ses brillantes couleurs;
La morale, ses fruits; l'éloquence, ses fleurs.
A l'heureuse union de ces grands avantages,
Que manque-t-il encor?.... Le secours des voyages.

« QUI, moi! que je m'arrache à mes amusemens
» Pour des peuples grossiers, ou de vieux monumens!

---

(1) Cette Épitre a remporté le prix à l'Académie de Marseille, en 1762.

X

» Que j'aille déterrer d'augustes antiquailles,
» User mes yeux savans sur d'obscures médailles,
» Consulter des débris, admirer des lambeaux,
» Et fuir loin des vivans pour chercher des
   tombeaux ? »
Ainsi s'exprimerait quelque marquis folâtre,
De ses fades plaisirs amateur idolâtre,
Captif dans un salon de vingt glaces orné,
Et dont l'esprit encore est cent fois plus borné.

Loin de ce cercle étroit la nature t'appelle;
Va goûter des plaisirs aussi variés qu'elle :
Pour toi, sa main féconde en mille êtres divers,
Nuança le tableau de ce vaste univers.
Aux rives de Marseille, où le commerce assemble
Vingt peuples étonnés de se trouver ensemble,
L'humble sujet des rois, le fier républicain,
Et le froid Moscovite, et le noir Africain,
Et le Batave actif sorti du sein de l'onde,
Tu vois avec plaisir cet abrégé du monde.
Quels seront tes transports, quand des mœurs
   et des arts
Le spectacle agrandi va frapper tes regards,
Lorsqu'à tes yeux surpris tant de peuples vont naître ?
Le premier des plaisirs, c'est celui de connaître;
C'est pour lui qu'un mortel, noblement curieux,
S'arrache au doux pays où vivaient ses aïeux;
Et loin d'un tendre ami, d'une épouse adorée,
Même loin des regards d'une mère éplorée,

Tantôt chez des humains plus cruels que les ours,
Va chercher la nature au péril de ses jours ;
Tantôt parmi des feux et des torrens de soufre,
Approchant de l'Etna le redoutable gouffre,
Pour sonder les secrets de ses feux consumans,
Marche d'un pas hardi sur ses rochers fumans ;
Tantôt courant chercher dans les murs de Palmyre
Ces superbes débris que l etranger admire,
Affronte, et des brigands l'horrible avidité,
Et d'un vaste désert la triste aridité,
Et d'un ciel dévorant la flamme étincelante,
Que le sable embrâsé réfléchit plus brûlante,
Et l'arène changée en des tombeaux mouvans,
Où mille malheureux sont engloutis vivans.

De retour sous son toit, tel que l'airain sonore
Qu'on cesse de frapper, et qui résonne encore,
Dans la tranquillité d'un loisir studieux
Il revoit en esprit ce qu'il a vu des yeux ;
Et dans cent lieux divers présent par la pensée,
Son plaisir dure encor quand sa peine est passée.

Souvent, près d'une épouse, à son foyer assis,
Il aime à la charmer par d'étonnans récits ;
Et suspendant leurs jeux, dès l'âge le plus tendre,
Ses enfans enchantés se pressent pour l'entendre.

Qu'il porte son tribut à la société,
Dans tous ses entretiens quelle variété !

Savant observateur de ce globe où nous sommes,
Connaissant tous les lieux , connaissant tous les
　　　hommes ,
Par le charme piquant de mille traits divers ,
Il semble sous nos yeux transporter l'univers;
Et toujours agréable , en même-tems qu'utile ,
Instruit, sans être lourd , plait sans être futile.

« MAIS quoi ! sans s'exiler ne peut-on rien savoir ?
» Moi, dans mon cabinet, j'apprends tout sans
　　　rien voir » ,
Dit , de l'esprit d'autrui ce moissonneur avide,
Qui, la mémoire pleine et l'esprit toujours vide,
D'observer par ses yeux se croyant dispensé ,
Si l'on n'eût point écrit , n'aurait jamais pensé.

OUI , tes livres sont bons , mais moins que la nature ;
Rarement on l'y voit peinte sans imposture :
Pourquoi donc la juger sur leurs fausses couleurs ?
A tes propres défauts pourquoi joindre les leurs ?
Et quand ils m'offriraient une image fidèle ,
Que me fait le tableau, lorsque j'ai le modèle ?
Celle dont je puis voir les véritables traits ,
Je ne la cherche point dans de vagues portraits :
L'objet me frappe plus qu'une froide peinture ;
Un coup-d'œil quelquefois vaut un an de lecture.

J'AI tant vu, dit quelqu'un de ces hommes fêtés,
Qui, portant leur ennui dans vingt sociétés,

Fiers d'avoir parcouru ce monde ridicule,
Prennent ce cercle étroit pour les bornes d'Hercule,
Prétendent que par tout sont les mêmes travers,
Et veulent sur Paris mesurer l'univers.
Insensé ! sors enfin de ton erreur profonde :
Tu n'as vu qu'un feuillet du grand livre du monde.
Dans ce Paris, séjour de l'uniformité,
Théâtre où tout imite, où tout est imité,
Chaque coin cependant a son ton, a son style :
L'habitant du Marais est étranger dans l'Isle ;
Et ces peuples nombreux, dans l'univers épars,
Séparés à jàmais par d'éternels remparts,
Que de l'humanite les seuls liens rassemblent,
Tu veux que leur génie et leurs mœurs se ressemblent ?
A des yeux plus instruits, ou plutôt moins distraits,
Comme chaque mortel, chaque peuple a ses traits.

JE sais que de nos cœurs impérieuses reines
Les mêmes passions sont par-tout souveraines.
Mais, de l'esprit humain despotes orgueilleux,
Les préjugés, ami, changent avec les lieux.
Concentrés dans nos murs, comment guérir les
          nôtres ?
Le mal est parmi nous, le remède chez d'autres :
Qu'ils nous prêtent ces dons loin de nous écartés,
Qu'eux-mêmes à leur tour empruntent nos clartés.
Qu'ainsi de toutes parts le vrai se réfléchisse :
Par cet échange heureux que l'esprit s'enrichisse !

Ainsi , de son pays franchissant la prison ,
Le voyageur découvre un nouvel horizon;
Et mettant à profit cette course féconde ,
Cherche les vérités éparses dans le monde ,
Tandis que , dans sa terre, un gentillâtre altier,
De l'esprit paternel fanatique héritier ,
Végette obstinément dans ses donjons antiques,
Et dans ses préjugés mille fois plus gothiques.

« AINSI l'homme ne peut se former qu'en courant ?
» Pour se rendre estimable, il faut qu'il soit errant,
» Et que de peuple en peuple, oubliant sa noblesse ,
» Il aille par lambeaux recueillir la sagesse :
» Le soleil ne reçoit ses clartés que de lui ,
» Et l'ame penserait par les secours d'autrui ?
» L'arbre , content des fruits qu'il tient de la nature ,
» Dans son terrain natal trouve sa nourriture :
» Le ciel auprès de nous , avec le même soin ,
» A placé les secours dont notre ame a besoin.
» Pourquoi donc , affamés des richesses des autres ,
» Mendier leurs trésors, et dédaigner les nôtres ;
» Pareils à ces mortels , justement odieux ,
» Qui, pouvant cultiver le champ de leurs aïeux,
» Aiment mieux, promenant leur misère importune ,
» Sur la pitié publique établir leur fortune ?

» D'AILLEURS , me dites-vous , chaque peuple
        a ses mœurs :
» Ces nuances d'esprit, ces contrastes d'humeurs,

» Le ciel les forme-t-il pour que ce caractère,
» Par tous ces frottemens, ou s'efface, ou s'altère ?
» S'il faut que par l'esprit, l'esprit soit imité,
» Condamnez donc le monde à l'uniformité;
» Dérobez donc aux champs cette riche peinture,
» Qui, sous mille coups d'œil, reproduit la nature;
» Donnez donc à nos fruits, donnez donc à nos fleurs
» Et les mêmes parfums, et les mêmes couleurs;
» Et, voyant à regret d'inégales campagnes,
» Au niveau des vallons abaissez les montagnes.

» Eh! copier enfin, n'est-ce pas se borner ?
» La parure d'autrui me gêne sans m'orner.
» Ainsi l'ame affaiblit sa vigueur naturelle,
» En adoptant des mœurs qui n'étaient pas pour elle :
» Ainsi des étrangers empruntant ses appas,
» L'esprit se dénature, et ne s'embellit pas.
» Une beauté sans art a des défauts qu'on aime :
» Le singe est plus choquant que l'ours affreux
         lui-même.
» Ne nous gâtons donc pas, en voulant nous changer,
» L'air le plus ridicule est un air étranger;
» Le secret de choquer, c'est de se contrefaire :
» L'esprit s'égare enfin, dès qu'il franchit sa sphère ».

Oui; mais en voyageant si je sais l'enrichir,
C'est agrandir sa sphère, et non pas la franchir :
Le vrai, du monde entier est le commun partage,
Mais le ciel, en cent lieux, sema cet héritage.

C'est peu que, pour unir toutes les nations,
Entr'elles de la terre il partage les dons.
Pour mieux favoriser cette utile harmonie,
Il leur partage encor les talens du génie,
Et fait ainsi servir aux plus heureux accords,
Et les besoins de l'ame, et les besoins du corps.

C'EST à nous d'assembler les rayons qu'il disperse,
D'augmenter nos trésors par un noble commerce;
C'est à nous de chercher, au prix de cent travaux,
D'anciennes vérités chez des peuples nouveaux.

L'AIR d'un autre, dit-on, dans nous pourrait
    déplaire.
Non, non, la vérité n'est jamais étrangère,
Et de quelque climat que l'on soit citoyen,
Musulman ou français, la sagesse sied bien.

MAIS c'est l'homme sur-tout que l'homme doit
    connaître.
« Eh ! pourquoi, loin des lieux où le ciel m'a
    fait naître,
» Chercher, ajoute-t-on, ce savoir incertain ?
» Tout est nouveau pour moi chez un peuple lointain.
» Cette écorce des mœurs que l'on appelle usages,
» L'habillement, la langue, et même les visages,
» D'un frivole dehors m'occuperont long-tems,
» Et me déroberont de précieux instans.

» Comment connaître à fond une terre étrangère
» Qu'à peine effleurera ma course passagère ?
» L'homme est-il loin de moi plus facile à juger,
» Sous un masque inconnu, sur un coup-d'œil léger,
» Que ceux qu'à mes regards ma nation expose,
» Dont le masque connu n'a rien qui m'en impose,
» Et que par habitude, et pour mes intérêts,
» Je revois plus souvent, j'observe de plus près? »

EH ! c'est l'intérêt même, et sur-tout l'habitude,
Qui, bien loin d'y servir, nuisent à cette étude.
Sur les objets voisins, l'une nous rend distraits;
L'autre, peintre infidèle, en altère les traits.
L'une nous fait tout voir avec indifférence,
Et l'autre donne à tout une fausse apparence:
L'un rend passionné : l'autre, peu curieux :
L'un enfin assoupit, l'autre abuse mes yeux.
Pour voir ce grand spectacle avec une ame saine,
Il faut être au parterre, et non pas sur la scène :
Souvent il faut aussi, pour plaire aux spectateurs,
Une pièce nouvelle, et de nouveaux acteurs.

D'AILLEURS, puisqu'éprouvant diverses influences,
L'homme, selon les lieux, prend diverses nuances,
Pourquoi n'examiner qu'un seul coin du tableau ?
Ce fleuve dont l'aspect semble toujours nouveau,
Suffit-il, pour juger ce qu'il est dans sa course,
De voir son embouchure, ou d'observer sa source ?

Non, il faudrait le suivre en son cours tortueux,
Le voir rapide ou lent, humble ou majestueux,
Resserré dans son lit, reculant ses rivages,
Baignant des bords fleuris, ou des rives sauvages.
Ainsi l'homme varie : ainsi de toutes parts
Il faut de son portrait chercher les traits épars :
Chez les républicains admirer sa noblesse,
Aux pieds d'un fier despote observer sa faiblesse,
Voir comment son esprit, dépendant des climats,
Est bouillant au midi, froid parmi les frimats :
Remarquer tantôt l'art, et tantôt la nature :
Voir ici le défaut, là l'excès de culture :
Enfin, chercher en quoi tous ces peuples nombreux
Ressemblent l'un à l'autre, ou diffèrent entr'eux,
Depuis l'affreux Huron qui, mugissant de joie,
Egorge les vaincus, et dévore sa proie,
Jusqu'aux Européens, brigands ingénieux,
Qui, sans se dévorer, s'égorgent encor mieux.

« MAIS enfin à quoi tend ma course vagabonde?
» J'aurai vu les erreurs dont l'univers abonde :
» J'aurai vu les mortels en proie aux passions,
» Le servile intérêt mouvoir les nations,
» Et sous cent noms pompeux, tyrannisant la terre,
» Nourrir chez les humains une éternelle guerre.
» Eh ! pourquoi, recherchant ce dangereux savoir,
» M'accoutumer au mal, à force de le voir ?
» Je serai dans le monde étranger et novice.
» Hélas ! à la vertu que sert l'aspect du vice ?

» Examinons plutôt notre cœur imparfait,
» Voyons ce qu'il faut faire, et non ce que l'on fait:
» Connaissons les devoirs, non les erreurs des
     hommes,
» Ce qu'il nous convient d'être, et non ce que
     nous sommes.
» Enfin, qu'importe ici ce que l'on pense ailleurs?
» Revenant plus instruits, revenons-nous meilleurs? »

Oui, des maux les plus grands l'ignorance est la mère;
Ainsi que ses vertus, tout peuple a sa chimère:
C'est peu que ce tyran, le préjugé natal,
Sur les yeux de l'esprit mette un bandeau fatal;
Il soumet le cœur même à son joug incommode,
Avilit la vertu, met le vice à la mode,
Corrompt l'homme orgueilleux, d'un faux hon-
     neur épris,
Qui, courant à la honte, en fuyant le mépris,
Vicieux par usage, insensé par coutume,
En mœurs, comme en habits, obéit au costume,
Et de l'opinion sujet respectueux,
Pour être citoyen, n'ose être vertueux.

N'est-ce pas ce tyran dont l'ordre impitoyable
Prescrit à deux amis un cartel effroyable;
Pour un mot, pour un geste échappé sans dessein,
Les force par décence à se percer le sein;
Leur rend par point d'honneur le meurtre légitime,
Et leur fait, en pleurant, égorger leur victime?

VOULONS-NOUS vers le bien prendre un vol
    vigoureux ?
Brisons donc de l'erreur les liens rigoureux :
Osons donc , de notre ame agrandissant la sphère ,
Apprendre à bien penser pour apprendre à bien faire ;
Et par la vérité , du vice heureux vainqueurs ,
Epurons nos esprits pour corriger nos cœurs.

MAIS pour mieux dissiper ces ombres mensongères,
Il faut leur opposer les clartés étrangères ;
Il faut nous arracher au dangereux séjour
Où l'on reçoit l'erreur en recevant le jour.

TOI qui , dans la noblesse où ta fierté se fonde,
Crois voir le lâche droit d'être inutile au monde;
Automate orgueilleux , qui croirais t'abaisser
En cultivant ces arts qui daignent t'engraisser ,
Va chez l'heureux Chinois voir briller près du trône
Les enfans de Cérès , comme ceux de Bellone;
Va voir dans ces beaux ports l'Anglais laborieux
Tirer de nos besoins un tribut glorieux ,
Et conclus à l'aspect de leur noble industrie ,
Qu'on ne déroge pas en servant sa patrie ;
Que cent vaisseaux chargés des dons de l'univers ,
Valent bien du vélin épargné par les vers.

ET vous , qui près des rois adulateurs obliques,
Laissez mourir le cri des misères publiques :
                                        De

De vos seuls intérêts avides partisans,
Indolens citoyens, et zélés courtisans,
Chez les républicains allez puiser ces flammes
Que le patriotisme allume dans leurs ames :
Voyez-les à l'Etat consacrer tous leurs vœux,
Et par les maux publics rougissez d'être heureux.

VOILA comme, éclairé par des leçons vivantes,
L'homme revient meilleur de ses courses savantes :
Ainsi des préjugés il brave les clameurs,
Prend d'autres sentimens en voyant d'autres mœurs,
Affranchit de ses fers son ame emprisonnée,
Fuit du vice natal l'haleine empoisonnée,
Et recueillant le vrai, se dépouillant du faux,
Par les vertus d'autrui corrige ses défauts.

AINSI, pour adopter des rameaux plus fertiles,
Un arbre cède au fer des branches inutiles ;
Et d'un nouveau feuillage étonnant nos vergers,
Etale le trésor de ses fruits étrangers.

MAIS c'est peu des vertus qu'il trouve à son passage :
Le mal, comme le bien, doit instruire le sage.
En parcourant le monde, il a vu les mortels,
Chacun à son idole élever des autels,
Et séduits par l'orgueil, conduits par l'habitude,
De leurs préventions chérir la servitude :
Lui-même il sent combien son esprit fasciné
Extirpa lentement le faux enraciné :

2

Dès-lors il se guérit de cette confiance,
Enfant présomptueux de l'inexpérience.
Instruit par l'erreur même, il sait la redouter:
Pour apprendre à connaître, il apprend à douter:
Et jamais, employant le fer ou l'anathême,
Il ne trouble un état pour fonder un systême.

EXEMPT de fanatisme, il brave aussi l'orgueil:
Sur ce qu'il parcourut, s'il rejette un coup-d'œil,
Dans ces vastes états, dans ces cours si pompeuses,
Qu'a-t-il vu? De vrais maux, et des grandeurs
        trompeuses;
Des crimes décorés de noms éblouissans,
Des peuples malheureux, des favoris puissans,
Des souverains armés pour des monceaux de pierres,
Et d'infidelles paix après d'injustes guerres.

CE vide des grandeurs, ce néant des humains,
Il le retrouve encor dans l'œuvre de leurs mains.
Dans la Grèce, dans Rome, en silence il contemple
Les restes d'un palais, les ruines d'un temple:
Il voit périr du Nil les colosses fameux,
Et les tombeaux des rois mourir enfin comme eux.
S'il cherche ces cités que l'orgueil a construites,
C'est parmi les débris de cent villes détruites.
« Ce monde où follement l'homme s'enorgueillit,
» Dit-il, renait sans cesse, et sans cesse vieillit:
» Un empire s'élève, un autre empire tombe,
» A côté d'un berceau j'apperçois une tombe:

» L'orgueilleux Pétersbourg sort du sein d'un marais,
» Et toi, fière Lisbonne, hélas! tu disparais ;
» Et je crois, à travers ces débris lamentables,
» Entendre retentir ces mots épouvantables:
» Mortels, tout doit périr, et tout a son trépas ;
» Seule dans l'univers la vertu ne meurt pas ».

MAIS de ce vaste champ que t'offrent les voyages,
Ne crois pas que le fruit se borne à quelques sages:
Dans des Etats entiers où germent leurs leçons,
Souvent ils ont produit de fertiles moissons :
Par eux, si du terrain la bonté les seconde,
Des peuples, par degré, la raison se féconde :
Par eux mille talens, noblement transplantés,
Vont fleurir loin des lieux qui les ont enfantés.

VOIS du superbe Anglais l'humeur indépendante :
D'esprits forts et nerveux quelle foule abondante !
Chez eux le naturel s'élance en liberté :
On sent avec vigueur, on pense avec fierté.
D'où vient dans les esprits cette sève féconde ?
C'est qu'ils sont moins Anglais que citoyens du
        monde.
Tels des vastes forêts les chênes vigoureux
Cherchent au loin les sucs qui circulent pour eux :
Et nous qui, pour nos mœurs, remplis d'idolâtrie,
Aimons trop nos foyers, trop peu notre patrie,
Par des usages vains, sans cesse maîtrisés,
Jusques dans nos plaisirs toujours symmétrisés,

Innombrable famille, en qui tout se ressemble,
Dans un cercle ennuyeux nous tournons tous
      ensemble,
Et plus polis que bons, moins grands que fastueux,
Rarement formons-nous un élan vertueux :
Ou bien si quelquefois de nos cœurs léthargiques
Nous laissons échapper quelques traits énergiques ;
Si, plus amis des arts, plus enchantés du beau ,
Au mâle Crébillon (1) nous dressons un tombeau :
Si le sang de Corneille (2) a reçu notre hommage ;
Si du divin Rameau (3) nous conservons l'image ;
Si tout redit le nom des héros de Calais ,
Nous en devons l'exemple à ces mêmes Anglais,
Qui, plus reconnaissans encor que nous ne sommes,
A côté de leurs rois inhument leurs grands-hommes :
Tant des peuples entr'eux le commerce a de prix !

N'OUTRONS rien cependant : je vois avec mépris
Un vain déclamateur qui, par un zèle extrême ,
Ayant raison, a tort, et rend faux le vrai même ;
Qui, ne haïssant rien, n'aimant rien à moitié ,
Approuve sans réserve , ou blâme sans pitié.

_____

(1) Mausolée en l'honneur de M. de Crébillon.
(2) Représentation de Rodogune en faveur de mademoi-
selle Corneille.
(3) Statue en l'honneur de M. Rameau , proposée par
souscription.

Il est des nations que perdraient les voyages.
Un peuple vertueux, qui vit sous des loix sages,
Mais qui, par l'indigence au travail excité,
Doit ses âpres vertus à la nécessité;
Qui, grâces aux rigueurs de la sage nature,
A des antiques mœurs conservé la droiture,
Que lui peuvent offrir des peuples étrangers?
Des écueils séduisans et de brillans dangers:
Dans leur luxe trompeur il croit voir l'abondance,
Et, pour monter trop haut, il tombe en décadence.
Tel, de nos grands seigneurs rival présomptueux,
Se ruine un bourgeois sottement fastueux.
Que ce peuple aime donc son modeste héritage;
Puisqu'il a des vertus, que veut-il davantage?

TELLE Sparte jadis, le chef-d'œuvre des loix,
De qui la pauvreté faisait trembler les rois,
Fuyant la cour de Suse et l'école d'Athènes,
Les trésors de Xercès et l'art de Démosthènes,
Comme une île qui sort du noir gouffre des mers,
Vit le luxe autour d'elle inonder l'univers.

O vous, qui l'imitez! nations helvétiques,
Parlez, pourquoi craint-on pour vos vertus antiques?
Faut-il le demander? Ennuyés d'être heureux,
Vous désertez vos champs pour nos murs dangereux.
Venez-vous, dédaignant des biens inestimables,
Échanger vos vertus pour nos vices aimables?

Aux portes des palais vous veillez chez nos grands :
Hélas ! en chassez-vous les chagrins dévorans ?
Fuyez donc ces palais, allez dans vos campagnes,
Revoir vos simples toits et vos chastes compagnes :
Vous n'y trouverez pas nos esprits pétillans,
Nos ennuyeux plaisirs, nos spectacles brillans,
Mais des époux constans, des épouses fidelles ;
Mais des fils dignes d'eux, des filles dignes d'elles,
Des hommes dont les bras savent encor agir,
Des femmes dont les fronts savent encor rougir.
Ah ! bien loin de venir chercher notre licence,
C'est nous que doit chez vous appeler l'innocence.

Oui, pour d'austères mœurs, s'ils sont pernicieux,
Des voyages pour nous les fruits sont précieux.
Nous pouvons y gagner, et n'avons rien à craindre :
D'ailleurs nos arts sans eux pourraient enfin s'éteindre.
Puisque nous n'avons pas le charme des vertus
Gardons au moins celui qui l'imite le plus ;
Privés de la nature, ayons-en l'apparence,
Et n'allons pas au vice ajouter l'ignorance.

Mais nul à voyager n'a de plus justes droits,
Que des peuples soumis à de barbares lois :
Soit ceux où des tyrans oppriment des esclaves,
Où le respect contraint languit chargé d'entraves,
Où la loi sait punir, jamais récompenser,
Pour se faire obéir, défend d'oser penser,

Tyrannise les corps, et dégrade les ames,
Fait des esprits rampans, produit des cœurs infâmes,
Et changeant les mortels en de vils animaux,
Les rend et malheureux et dignes de leurs maux;
Soit ceux où, détruisant un utile équilibre,
Un peuple turbulent se croit un peuple libre,
Compte son insolence au nombre de ses droits,
Brave ses magistrats, ou méconnait ses rois :
Et n'ayant aucun frein qui puisse le contraindre,
Parce qu'il ne craint rien, fait qu'il a tout à craindre:
Soit ceux enfin qu'on voit à peine encor naissans,
Essayer, mais en vain, leurs ressorts impuissans,
Et dont le faible corps, pour recevoir une ame,
Des talens étrangers doit emprunter la flamme.

Tels Lycurgue et Solon, heureux législateurs,
Chez cent peuples d'abord savans contemplateurs,
D'après les nations, dès long-tems florissantes,
Dessinèrent le plan de leurs cités naissantes,
Et surent transporter dans leurs nouveaux remparts,
L'un, toutes les vertus, et l'autre, tous les arts.

Mais quoi ! pour te prouver ce qu'on doit aux
    voyages,
Me faut-il donc fouiller dans la nuit des vieux âges ?
Dans des tems plus voisins veux-tu voir leurs effets ?
Vois tout un peuple au Nord créé par leurs
    bienfaits (1).

----

(1) La Russie.

LA, d'horribles frimats toujours environnée,
Couverte de glaçons, de neige couronnée,
Et d'un deuil éternel effrayant les regards,
La nature hideuse effarouchait les arts.
Chefs-d'œuvre du ciseau, charme de la peinture,
De l'art brillant des vers agréable imposture,
Danse voluptueuse, accords mélodieux,
Vous n'osiez approcher ces climats odieux :
Loin d'eux et les beaux arts, et les travaux utiles
L'esprit était inculte et les champs infertiles :
Le commerce fuyait ce séjour désolé :
Ce vil ramas d'humains languissait isolé :
Et chassant dans les bois, ou dormant sous ses huttes,
N'avait que la dépouille et que l'instinct des brutes ;
L'art même des combats n'existait pas pour eux.
Le Russe, né féroce, et non pas valeureux,
Farouche dans la paix, impuissant dans la guerre,
Ne savait ni charmer, ni subjuguer la terre :
Et les loix l'enchaînant aux foyers paternels,
Rendaient son ignorance et ses maux éternels.

ENFIN Pierre paraît, il voit ce coin du monde
Dormir enseveli dans une nuit profonde :
De dix siècles de honte il prétend le venger,
Et c'est en le quittant qu'il saura le changer.
O prodige! un grand roi quitte le rang suprême,
Et, dans son noble exil, plus grand qu'en sa cour
        même,

Pour moissonner les arts dans cent pays divers,
Auguste voyageur, étonne l'univers ;
Dans le palais des rois, sous l'humble toit du sage,
Fait de l'art de régner le noble apprentissage,
Dévore tout chef-d'œuvre offert à ses transports,
Parcourt les ateliers, interroge les ports ;
Et des arts recueillis dans ses courses immenses,
Rapporte au fond du Nord les fertiles semences.
Tout change. Dans ces lieux embellis à sa voix,
La nature a souri pour la première fois :
Il subjugue les champs, les ondes, les rivages,
Et ses propres sujets, mille fois plus sauvages.
Je vois creuser des ports, bâtir des arsenaux :
Les fleuves étonnés sont joints par des canaux,
Les marais sont couverts de moissons jaunissantes,
Les déserts sont peuplés de villes florissantes,
Des talens cultivés la fleur s'épanouit,
Et des vieilles erreurs l'amas s'évanouit.

TELS, dans ces mêmes lieux qu'un sombre hiver
    assiège,
D'affreux rochers de glace et de vieux monts de neige,
S'ils sentent du soleil les rayons pénétrans,
Dans les champs rajeunis vont se perdre en torrens.

PEUPLE heureux, le jour luit, tremblez qu'il
    ne s'éteigne !
Que dis-je ? Ai-je oublié que Catherine règne ?

Faite pour tout créer, ou pour tout embellir,
Pour tracer un plan vaste , ou bien pour le remplir ,
Ce que Pierre ébaucha , Catherine l'achève :
Sous ses mains chaque jour l'édifice s'élève ;
Et pour le décorer , accourant à sa voix ,
Tous les arts à l'envi se rangent sous ses loix.
Moins grand était celui qui , dans Thèbes naissante ,
Entraînait les rochers par sa lyre puissante.
Dure , dure à jamais cet écrit précieux (1) ,
Où, pour former son fils sous ses augustes yeux,
Par l'appât de la gloire à la richesse unie ,
Une grande princesse appelle un grand génie !
Et qu'on doute long-tems qui doit frapper le plus,
Ou d'une offre sublime, ou d'un noble refus.
Mais que vois-je ? Un champ clos , des devises,
      des armes ,
Des cartels sans fureur, des combats sans alarmes (2) ;
Je vois , je reconnais ces spectacles guerriers
Qui jadis délassaient nos braves chevaliers.
C'est ainsi qu'aux plaisirs associant la gloire,
Ils faisaient , en jouant, l'essai de la victoire :
Ainsi leur repos même, utile à la valeur ,
De l'héroïsme en eux nourrissait la chaleur.

---

(1) Lettre de l'impératrice de Russie à M. d'Alembert ,
pour l'inviter à se charger de l'éducation du grand duc de
Russie.

(2) Carrousels ordonnés par l'impératrice de Russie.

Jeux brillans qu'à proscrits notre oisive mollesse,
Moscovites heureux, le français vous les laisse.
Eh quoi ! ce goût du beau que vous puisiez chez nous,
Faut-il à notre tour l'aller trouver chez vous ?
Poursuivez, secondez une illustre princesse :
Ce germe des talens, cultivez-le sans cesse,
Et dans de nouveaux lieux cherchant des arts
       nouveaux,
Par leur propre lumière éclipsez vos rivaux.

DES voyages, ami, tel est sur nous l'empire :
C'est l'air du monde entier que par eux on respire.
Si tous ces grands objets ont des charmes pour toi,
Si l'ardeur de savoir t'entraîne loin de moi,
Sans doute tes adieux me coûteront des larmes ;
Mais un motif bien noble adoucit mes alarmes :
Quoi que perde dans toi ton ami désolé,
Tu vas former ton cœur, le mien est consolé.

ÉPITRE

A M. LAURENT,

*A l'occasion d'un bras artificiel qu'il a
fait pour un soldat invalide.*

ARCHIMÈDE nouveau, qui, par d'heureux
    efforts,
Pour dompter la nature, imites ses ressorts ;
Qui sers l'humanité, ton maître et ta patrie ;
Ma Muse doit des vers à ta noble industrie.
Assez d'autres sans moi souilleront leur encens :
Qu'ils l'offrent à Plutus : je le dois aux talens.
Les talens, de nos biens sont la source féconde :
Ils forment les trésors et les plaisirs du monde.
Sur cette terre aride, asyle des douleurs,
L'un fait naître des fruits, l'autre sème des fleurs.
Pourquoi faut-il, hélas ! que notre esprit volage
N'aime que le brillant, dont nos mœurs sont
    l'image.

OUI, j'aime à voir Pigal, par sa savante main,
Donner des sens au marbre, et la vie à l'airain.
Je dévore des yeux ces toiles animées,
Où brillent de Vanloo les touches enflammées.
                  Voltaire,

Voltaire, tour-à-tour sublime et gracieux,
Peut chanter les héros, les belles ou les dieux.
Je souris à Lani, qui, bergère ou déesse,
Fait briller dans ses pas la grâce ou la noblesse.
Et toi, divin Rameau, par tes magiques airs,
Peins les plaisirs des cieux, ou l'horreur des enfers.
Mais serai-je insensible à ces talens utiles,
Qui portent l'abondance à nos cités tranquilles,
Qui pour nous, en tous lieux, multipliant leurs
     soins,
Consacrent leur génie à servir nos besoins ?
Non, ces arts bienfaiteurs sont respectés des sages;
Et moins ils sont brillans, plus on leur doit
     d'hommages.

SANS doute, ils te sont dus, mortel industrieux :
Oui, tu gagnes mon cœur, en étonnant mes yeux.
Cet art qui, suppléant la force par l'adresse,
Fixe la pesanteur, calcule la vîtesse,
Asservit à ses loix et l'espace et le tems,
Et maîtrise à son gré le feu, l'onde et les vents :
Cet art a signalé l'aurore de ta vie,
Ton ame l'embrassa par l'instinct du génie.
Déjà tes faibles mains que lassait le repos,
Préludaient, en jouant, à tes hardis travaux.
Un astre impérieux nous fait ce que nous sommes,
Et les jeux de l'enfance annoncent les grands-
     hommes.

3

Tel Buffon , dans le sein d'un germe à peine éclos ,
Déjà distingue un tronc , des fruits et des rameaux.
Quels prodiges depuis ont rempli ta carrière !
Je te suis dans les champs de la Flandre guerrière.
Tristes champs ! où Cérès voit haître ses moissons
Du sang dont le dieu Mars engraisse les sillons.
Là ton art sur l'Escaut , pour défendre nos villes (1) ,
Posait des murs de fer et des remparts mobiles ,
Lançait sur l'ennemi des torrens déchaînés (2),
Ou portait nos soldats sur les flots étonnés (3).

MAIS la gloire t'appelle à de plus grands miracles (4):
La puissance d'un art s'accroît par les obstacles.
C'est par eux qu'un Dieu sage , irritant nos efforts ,
Nous enchaine au travail , et nous vend ses trésors.
C'est ainsi que ses mains avares et fécondes ,
Ont caché sous la terre , en des mines profondes,
Cet or qui fait mouvoir et vivre les états ,
Et le bronze et l'airain tonnant dans les combat
L'acier qui fait tomber les sapins et les chênes,
Le fer qui de Cérès fertilise les plaines ,
Et le métal enfin , qui , docile à nos loix ,
S'arrondit en canaux , ou s'étend sur nos toîts.

---

(1) Machines de poterne.
(2) Ecluses.
(3) Ponts portatifs.
(4) Desséchemens des mines.

L'Armorique long-tems, de ce métal utile,
Dans de vastes marais cacha l'amas stérile.
Tu parais : l'onde fuit; la terre ouvre son sein,
Et ne rend ses tributs qu'à ta puissante main.

HEUREUX qui sait briller par d'utiles prodiges !
D'autres, féconds pour nous en frivoles prestiges,
Osent prostituer à de pénibles jeux
Un art qu'à nos besoins ont destiné les dieux.
Pour leurs concitoyens, que produit leur adresse ?
Ils nourrissent le luxe, ils flattent la mollesse.
Oui, dans eux le génie est un enfant badin :
Mais dans toi, c'est un dieu propice au genre-humain.

Tu sentis le pouvoir de ses mains bienfaisantes,
Tu les mouilles encor de tes larmes touchantes,
Infortuné mortel ! heureux, dans ton malheur,
Par ses rares talens, plus encor par son cœur !
Je crois voir le moment où, des traits de la foudre,
Tes bras au champ de Mars fûrent réduits en
        poudre.
Je crois te voir encor meurtri, défiguré,
Trainant le reste affreux de ton corps déchiré,
Te montrer tout sanglant à sa vue attendrie :
La pitié qui lui parle enflamme son génie.
O prodige ! ton bras reparait sous sa main :
Ses nerfs sont remplacés par des fibres d'airain.
De ses muscles nouveaux, essayant la souplesse,
Il s'étend et se plie, il s'élève et s'abaisse.

Tes doigts tracent déjà le nom que tu chéris :
La nature est vaincue, et l'art même est surpris.

Que ne peut point de l'art l'activité féconde !
C'est par elle que l'homme est souverain du monde.
De la nature en vain tu crois naître le roi,
Mortel ; sans le travail rien n'existe pour toi.
Ce globe n'est soumis à ta vaste puissance
Qu'à titre de conquête, et non pas de naissance ;
Et tu n'es distingué, parmi les animaux,
Que par ton noble orgueil, ton génie et tes maux.
Vois l'énorme éléphant, dont la masse effrayante
Fait trembler les forêts dans sa course pesante.
Près de ce mont vivant, que sont tes faibles bras?
Mais sa force n'est rien : il ne la connait pas.
Tu peux bien plus que lui ; connaissant ta faiblesse,
Tu sens ton indigence, et voilà ta richesse.
Déjà l'art t'a soumis l'air, la terre et les mers :
Déjà je vois éclore un nouvel univers.
Tes jours sont plus sereins ; tes champs sont
          plus fertiles ;
Ton corps devient moins faible, et tes sens plus agiles.
Le verre aide ta vue, il découvre à tes yeux (1)
Des mondes sous tes pieds, des mondes dans les cieux :
A l'aide du levier, du poids et de la roue,
Des plus pesans fardeaux ton adresse se joue ;

(1) Microscope, télescope.

Les forêts à ta voix descendent sur les eaux ;
Les rivages creusés embrassent tes vaisseaux (1).
Le ciel règle leur cours écrit sur ses étoiles.
Le fougueux aquilon est captif dans leurs voiles.
C'est par eux que, comblant les gouffres de Thétis,
Tu joins deux continens l'un par l'autre agrandis.
Là, pour unir deux mers, tu perças des mon-
       tagnes (2),
Creusas des souterrains, inondas des campagnes.
Plus loin, de l'Océan tu reculas les eaux (3) :
Un empire s'élève où mugissaient des flots.
Tu changeas des marais en des plaines fertiles,
Sur l'abîme des mers tu suspendis des villes (4).
Les monumens du Nil, vainqueurs du tems jaloux (5),
Nés avec l'univers, ont vécu jusqu'à nous.
Oui : telle est ta faiblesse et ton pouvoir suprême,
Les œuvres de tes mains survivent à toi-même.

Autour de nous enfin promenons nos regards.
Là, je vois de plus près et j'admire les arts ;
Le Cyclope, noirci des feux qui l'environnent,
Verse à flots embrâsés les métaux qui bouillonnent :
La flamme cuit le vase arrondi sous nos doigts ;
L'acier ronge le fer, ou façonne le bois.

(1) Les ports.
(2) Canal de Languedoc.
(3) Les Hollandais.
(4) Venise.
(5) Pyramides d'Egypte.

Sur les fleuves profonds me formant une route,
Des rochers sous mes pas se sont courbés en voûte :
Par les eaux (1) ou les vents (2), au défaut de
      mes mains,
Le cylindre roulé met en poudre mes grains.
Ici l'or en habit se file avec la soie 3) :
En des tableaux tissus la laine se déploie (4).
Là le sable dissous par les feux dévorans (5),
Pour les palais des rois brille en murs transparens.
Sur un papier muet la parole est tracée (6).
Par un mobile airain on grave la pensée (7) ;
Mille fois reproduite elle vole en tous lieux.
Le tems a pris un corps, et marche sous mes yeux (8).
O prodige de l'art ! sous une main hardie,
Le cuivre, des ciseaux reçoit l'ame et la vie (9).
L'automate animant l'ivoire harmonieux (10),
Forme sous des doigts morts des sons mélodieux.
Vois ces doubles canaux, où les eaux rassemblées,
Pour jaillir en torrens, à grand bruit sont foulées.

---

(1) Moulins à eau.
(2) Moulins à vent.
(3) Travail de l'or trait.
(4) Tapisseries des Gobelins.
(5) Glaces.
(6) Ecriture.
(7) Imprimerie.
(8) Horlogerie.
(9) La gravure.
(10) Les figures de Vaucanson.

Si le feu dans la nuit, irrité par les vents,
Se roule en tourbillons dans des palais brûlans,
Mille fleuves soudain s'élancent jusqu'au faîte (1):
L'onde combat la flamme, et sa fureur s'arrête.
Avec plus d'art encor ces utiles canaux
Dans d'arides déserts ont transporté des eaux.
Privé de ce secours, le superbe Versailles
Etalait vainement l'orgueil de ses murailles :
Mais, que ne peut un roi? Près du riant Marly,
Que Louis, la nature et l'art ont embelli,
S'élève une machine où cent tubes ensemble
Versent dans des bassins l'eau que leur jeu rassemble.
Elevés lentement sur la cime des monts,
Ces flots précipités roulent dans les vallons,
Raniment la verdure, ou baignent les nayades,
Jaillissent dans les airs, ou tombent en cascades.
Puisse un jour cet ouvrage avec l'utilité
Unir dans sa grandeur plus de simplicité !
Puisse une main avare avec magnificence
Réparer, ou créer cette machine immense ;
Retrancher des ressorts l'amas tumultueux,
Rendre leur jeu plus sûr et plus impétueux :
Sans nuire à leur effet, borner leur étendue,
Et m'étonner encor sans fatiguer ma vue !

Mortels, de la nature industrieux rivaux,
Dans leur majesté simple imitez ses travaux.

---

(1) Les pompes pour les incendies.

Avec le grand Newton, admirant sa puissance,
Par un rapide effort jusqu'aux cieux je m'élance,
Là, mon œil voit nager dans l'océan des airs
Tout ce corps, dont l'amas compose l'univers.
Autour du dieu des ans, tranquille dans sa sphère,
Les astres vagabonds poursuivent leur carrière.
Notre globe qu'entraîne une commune loi,
S'incline sur son axe, et roule autour de soi.
La mer aux tems marqués et s'élève et s'abaisse;
La lune croît, décroît, fuit et revient sans cesse:
Autour de leurs soleils, que de mondes flottans!
Un seul ressort produit tous ces grands mouvemens.
De la simplicité quel sublime modèle!
Sans elle rien n'est beau, tout s'embellit par elle.
Laurent, oui, tu connus cette admirable loi:
Tes ouvrages sont grands et simples comme toi.
Achève; et, déployant ta force toute entière,
De l'art qui t'illustra recule la barrière:
Tout semble t'inviter à de nouveaux efforts;
La gloire de ton nom t'a conduit sur ces bords,
Où de tous les plaisirs le Français idolâtre,
Aux talens qu'il honore ouvre un vaste théâtre:
D'un bout du monde à l'autre assemble tous les arts,
Et des peuples rivaux étonne les regards.
C'est-là qu'en t'admirant, il va te reconnaître.
Paris s'est applaudi lorsqu'il t'a vu paraître;
Et ses murs, si féconds en pompeux monumens,
Attendent de tes mains de nouveaux ornemens.

Là, tandis que vengeant l'honneur de la patrie,
Le Louvre reprendra sa majesté flétrie ;
Tandis que d'un monarque adoré des Français,
Le bronze avec orgueil reproduira les traits,
La Seine, s'élevant de ses grottes profondes,
A ta loi souveraine asservira ses ondes ;
Et, se multipliant dans de nombreux canaux,
Formera dans Paris mille fleuves nouveaux.

ARTISTE ingénieux, et citoyen fidèle,
Dès long-tems ta patrie a reconnu ton zèle :
En vain ce peuple fier, jaloux de nos succès,
Le rival et sur-tout l'ennemi des Français,
En vain ce roi fameux par les arts et la guerre,
Qui tour-à-tour instruit et ravage la terre,
Espéraient à prix d'or acheter ton secours :
Tu dois à ton pays ton génie et tes jours.
Malheur au citoyen ingrat à sa patrie,
Qui vend à l'étranger son avare industrie !

ET vous, qui des talens voulez cueillir les fruits,
Rois, payez leurs travaux, et connaissez leur prix.
Eugène, ce héros dédaigné de la France,
Fit trembler cet état qu'eût servi sa vaillance.
Pourquoi vous disputer des provinces, de l'or ?
Les grands-hommes, les arts, voilà le vrai trésor.
Osez les conquérir par d'utiles largesses.
Ils ne demandent point d'orgueilleuses richesses :
Ils laissent à Plutus le faste et les grandeurs.
Que faut-il à l'abeille ? Un asyle et des fleurs.

Ah ! s'il est quelque bien qui flatte leur envie,
C'est l'honneur : aux talens lui seul donne la vie.
Louis, qui , rassemblant tous les arts sous sa loi,
Du malheur de régner se consolait en roi ;
Louis de ses regards récompensait leurs veilles :
Un coup-d'œil de Louis enfantait les Corneilles.

CITOYEN généreux , ainsi ton souverain ,
T'égalant aux héros , ennoblit ton destin.
Trop souvent le hasard dispense ce beau titre :
Hélas ! si la vertu des rangs était l'arbitre ,
Peut-être un malheureux, mourant sur son fumier ,
Du dernier des humains deviendrait le premier.
Tes talens , du hasard ont réparé l'outrage ;
Ton nom n'est dû qu'à toi : ta gloire est ton ouvrage.
D'autres feront parler d'antiques parchemins :
Ces monumens fameux qu'ont élevé tes mains ,
Ces chefs d'œuvre brillans , ces fruits de ton génie ,
Tant d'utiles travaux qu'admira ta patrie ,
Voilà de ta grandeur les titres glorieux :
Là , ta noblesse éclate et frappe tous les yeux.
Que font de plus ces grands dont la fière indolence
Dévore lâchement une oisive opulence ?
Que laissent, en mourant, à leur postérité
Ces mortels corrompus par la prospérité ?
Des exemples honteux , de coupables richesses,
Un nom jadis sacré, souillé par leurs bassesses.
Tes enfans, plus heureux, hériteront de toi
L'exemple des talens, le zèle pour leur roi.

ODE

A LA BIENFAISANCE.

DÉESSE, idole du vulgaire,
Toi qui, reine de l'univers,
Toujours redoutable et légère,
Donnes des sceptres ou des fers :
Le peuple ébloui des richesses,
Envie à ceux que tu caresses,
Des biens trop souvent dangéreux.
A tous ces grands, le cœur du sage
Envie un plus noble avantage :
Ils peuvent faire des heureux.

BIENFAISANCE, ô vertu sacrée !
Noble attribut des immortels,
Pour toi l'homme, aux beaux jours d'Astrée,
Éleva les premiers autels.
Dans ce soleil dont l'influence
De nos fruits mûrit la semence,
C'est toi que l'homme révérait :
Dans tous ces globes de lumière
Qui suivent pour nous leur carrière,
C'est toi seule qu'il adorait.

DE ce dieu, dont la main puissante
Soutient notre fragilité,
La voix ineffable et touchante,
M'annonce la divinité.
S'il ne se montrait à la terre
Qu'au bruit affreux de son tonnerre,
Armé de ses flèches de feu;
A ces traits, je pourrais connaître
L'arbitre du monde et mon maître :
Je chercherais encore un dieu.

LA nature prudente et sage,
Unit tous les hommes entr'eux;
Ta main, confirmant son ouvrage,
Resserre ces utiles nœuds :
C'est toi dont le charme nous lie
A nos maîtres, à la patrie,
Aux auteurs mêmes de nos jours ;
C'est toi dont la vertu féconde
Réunit l'un et l'autre monde,
Par un commerce de secours.

DES fortunes, à ta présence,
Disparait l'inégalité;
Par toi les biens de l'opulence
Sont les biens de la pauvreté :
Sans toi la puissance suprême,

Et

Et la pourpre et le diadême,
Brillent d'un éclat odieux ;
Sans toi , sur ce globe où nous sommes,
Les rois sont les tyrans des hommes :
Ils sont par toi rivaux des dieux.

A ce monarque , ton image,
Qui nous dicte tes sages lois ,
Sur nos respects et nos hommages
Tu donnes d'invincibles droits :
C'est toi , divine bienfaisance ,
Qui règle la juste puissance
Que le ciel remit dans ses mains:
Il sait qu'un pouvoir légitime
Est le privilége sublime .
D'être bienfaiteur des humains.

QUE ; pour des ames généreuses,
Un droit si noble est précieux!
O vous , familles malheureuses,
Que la honte cache à nos yeux,
Mortels , mes semblables , mes frères,
Dans quels asyles solitaires
Allez-vous cacher vos douleurs?
Heureux qui finit vos alarmes !
La gloire d'essuyer vos larmes
Vaut tous les lauriers des vainqueurs.

Ah ! malgré vous, mon cœur avide
Va trouver votre affreux réduit :
J'y vole, la pitié me guide,
Son flambeau sacré me conduit.
Je perce ces tristes ténèbres,
Je découvre ces lieux funèbres....
O grands ! brillez dans vos palais,
Asservissez la terre entière :
Sur le pauvre, dans sa chaumière,
Je vais régner par mes bienfaits.

Viens, je t'offre un bras secourable;
Viens, malgré tes destins jaloux,
Revis, famille déplorable....
Quoi ! tu tombes à mes genoux !
Tes yeux, éteints par la tristesse,
Versent des larmes de tendresse
Sur la main qui finit tes maux :
Tu crois voir un dieu tutélaire;
Non, je suis homme · à leur misère
Je viens arracher mes égaux.

Ne crains pas que mon ame altière,
S'armant d'un faste impérieux,
Offense ta pauvreté fière,
Et souille mes dons à tes yeux.
Malheur au bienfaiteur sauvage,
Qui veut forcer le libre hommage

Des cœurs que ses dons ont soumis ;
Dont les bienfaits sont des entraves,
Qui veut acheter des esclaves,
Et non s'attacher des amis !

Oui, je hais la pitié farouche
D'un grand superbe et dédaigneux :
Oui, le blasphème est dans ma bouche,
Lorsque l'orgueil est dans ses yeux.
Enflé d'une vaine arrogance,
Même en exerçant sa clémence,
Il aime à me faire trembler ;
Et, lorsqu'il soutient ma faiblesse,
Son orgueil veut que je connaisse
Que son bras pouvait m'accabler.

Ainsi nous voyons sur nos têtes,
Ces nuages noirs et brûlans,
Qui portent les feux, les tempêtes
Et les orages dans leurs flancs :
Tandis que, sur nos champs arides,
Ils versent ces torrens rapides
Qui vont au loin les arroser,
Armés des éclairs, du tonnerre,
Même en fertilisant la terre,
Ils menacent de l'embrâser.

ÉPITRE

SUR L'UTILITÉ DE LA RETRAITE
POUR LES GENS DE LETTRES.

Toi qui, malgré nos mœurs, nos écrits et ton âge,
A ton cinquième lustre es déjà vieux et sage,
Tendre et fidèle ami, quel attrait dangereux
T'arrache à la retraite où tu vivais heureux ?
Tu vas donc, égaré sur l'océan du monde,
Affronter cette mer, en naufrages féconde ;
Ah ! souffre que, plaignant l'erreur où je te vois,
La sincère amitié te parle par ma voix.

« CE monde si vanté que ton cœur idolâtre,
» Est, dis tu, des talens l'école et le théâtre ;
» Là, je médite l'homme, et lis au fond des cœurs ;
» Là, je viens, pour les peindre, étudier les mœurs.

SANS doute, si tu veux, élève de Thalie,
Crayonner le tableau de l'humaine folie,
Permets toi dans ce monde un séjour passager ;
Observe nos erreurs, mais sans les partager.

Au ton fade ou méchant, qu'on nomme l'*art de plaire*,
Y viendrais-tu plier ton mâle caractère?
Voudrais-tu t'y glacer dans de froids entretiens,
Orner la médisance, et discuter des riens,
Applaudir un roman, décrier une femme,
Abjurer le bon-sens pour la folle épigramme?
Dans nos cercles oisifs, dans ce vain tourbillon,
Transporte Mallebranche, ou Pascal, ou Newton;
Vois leur étonnement, vois leur sombre silence:
Ils regrettent l'asyle où l'ame vit et pense.

VIENDRAS-TU le soumettre aux petits tribunaux
Où, la navette en main, président nos Saphos?
Où ce sexe, autrefois content de nous séduire,
Jusques sur les talens exerce son empire,
Effémine à-la fois les esprits et les mœurs,
Etouffe la nature en la chargeant de fleurs,
Et bornant des beaux-arts la carrière infinie,
Veut réduire à ses jeux les élans du génie?
Non, ne mets à ses pieds ton cœur ni tes écrits;
L'aigle altier n'est point fait pour le char de Cypris.

JE sais que du bon ton le vernis et la grâce
Prêtent même à des sots une aimable surface,
Donne aux propos légers ce feu vif et brillant
Qui luit sans échauffer, et meurt en pétillant.
Mais ces foudres brûlans d'une mâle éloquence,
Ce sentiment profond que nourrit le silence,

Ce vrai simple et touchant, ces sublimes pinceaux,
Dont le chantre d'Abel anime ses tableaux,
Veux-tu les demander à ces esprits futiles ?
Sybaris était-il le berceau des Achilles ?

DANS ce monde imposteur tout est couvert de fard ;
Tout, jusqu'aux passions, est esclave de l'art ;
Ces transports effrénés, dont le rapide orage
Bouleverse le cœur, se peint sur le visage,
Sous les dehors trompeurs de la sérénité,
Y cachent leur tumulte et leur férocité.
La haine s'y déguise en amitié traîtresse ;
La vengeance y sourit, et la rage y caresse ;
L'ardente ambition, l'orgueil impétueux,
Y rampent humblement à replis tortueux ;
L'Amour même, ce dieu si terrible et si tendre,
L'impérieux Amour s'y fait à peine entendre :
Tu ne l'y verras pas, plein de joie ou d'horreur,
Palpiter de plaisir ou frémir de fureur ;
Il gémit de sang-froid ; avec art il soupire....
Va, fuis, cherche des cœurs que la nature inspire.

UN autre écueil t'attend : ce tyran des esprits,
La mode ose régler nos mœurs et nos écrits :
Veux-tu subir le sort du bel-esprit vulgaire
Qui dégrade son siècle en vivant pour lui plaire ;
Qui, consacrant sa plume à la frivolité,
Pour briller un instant, perd l'immortalité ?

Oui : du siècle où tu vis respecte les suffrages :
Mais, placé dans ce point, embrasse tous les âges ;
Rassemble autour de toi les Grecs et les Romains ;
Sois l'émule et l'ami des plus grands des humains :
Allume ton génie aux rayons de leur flâme :
Qu'ils revivent pour nous, reproduits dans ton ame ,
Et, citoyen savant de cent climats divers ,
Du fond de ta retraite habite l'univers.

MAIS j'entends à la cour une voix qui t'appelle:
Ami, quitteras-tu ton asyle pour elle ?
Va, ne sers point les grands, tu leur feras la loi :
Ne descends pas pour eux, qu'ils s'élèvent à toi.
De l'adulation la basse ignominie,
En avilissant l'ame, énerve le génie.
De nos brillans jardins les stériles ormeaux
Courbent servilement leurs timides rameaux.
Vois ce chêne, nourri dans la forêt sauvage,
Il porte jusqu'aux cieux son superbe feuillage.
Ainsi, loin de la cour ce Corneille fameux,
Honoré de nos jours dans ses derniers neveux,
Relevait le théâtre où son ame respire,
Et, sans flatter les rois, illustrait leur empire :
Tels Homere et Milton foulaient aux pieds le sort ,
Obscurs pendant leur vie, et dieux après leur mort.
Suis leur exemple, ami : fuis loin de ces esclaves
Qui vont, aux pieds des grands, mendier des entraves.

PLUS malheureux encor ces lâches beaux-esprits,
Parasites rampans qui vivent de mépris,
Qui, dépensant leur ame en de froides saillies,
Transforment en bouffons les muses avilies,
Portent des fers dorés à la cour des Crésus,
Et mettent leur génie aux gages d'un Crassus.

L'HOMME peut, j'en conviens, sans trahir sa
        noblesse,
Sur l'homme son semblable appuyer sa faiblesse:
Tout mortel isolé n'existe qu'à-demi,
Mais cent rois à tes yeux valent-ils un ami ?
Oui, pour te consoler dans le sein de l'étude,
Que la tendre amitié charme ta solitude :
Amitié ! doux penchant des humains vertueux,
Le plus beau des besoins, et le plus saint des nœuds;
Le ciel te fit pour l'homme, et sur-tout pour le sage.
Trop souvent l'infortune est son triste partage :
Ta bienfaisante main vient essuyer ses pleurs.
Trop heureux deux mortels dont tu charmes
        les cœurs !
Leurs plaisirs sont plus vifs, et leurs maux s'af-
        faiblissent :
En se réunissant leurs ames s'agrandissent.

MAIS ce n'est plus le tems : la haine et la fureur
Ont changé le Parnasse en théâtre d'horreur :
Les arts, présens du ciel accordés à la terre,
Ces enfans de la paix se déclarent la guerre;

Et, tandis que Bellone ébranle les états,
Leur empire est en proie à de honteux combats.
Sur les flots agités par les vents et l'orage,
L'astre brillant du jour ne peint point son image.
Viens : sors de ce cahos d'où fuit la vérité,
Où meurent les talens, l'honneur, l'humanité,
Où rampe avec orgueil l'intrigante bassesse :
Est-ce là qu'on entend la voix de la sagesse ?

DANS la retraite, ami, la sagesse t'attend :
C'est là que le génie et s'élève et s'étend :
Là, règne avec la paix l'indépendance altière :
Là, notre ame à nous seuls appartient toute entière.
Cette ame, ce rayon de la divinité,
Dans le calme des séns médite en liberté,
Sonde ses profondeurs, cherche au fond d'elle-même
Les trésors qu'en son sein cacha l'Être suprême ;
S'échauffe par degrés, prépare ce moment
Où, saisi tout-à-coup d'un saint frémissement,
Sur des ailes de feu, l'esprit vole et s'élance,
Et des lieux et des tems franchit l'espace immense,
Ramène tour-à-tour son vol audacieux,
Et des cieux à la terre, et de la terre aux cieux,
Parcourt les champs de l'air, et les plaines de l'onde
Et remporte avec lui les richesses du monde.

VOUS ne connaissez point ces transports ravissans,
Vous, héros du beau monde, esclaves de vos sens :

Votre esprit égaré, sans lumière et sans force,
N'apperçoit qu'un objet, et n'en voit que l'écorce:
L'astre majestueux dont le flambeau nous luit,
N'est pour vous que le jour qui succède à la nuit:
Mais du sage attentif frappe-t il la paupière?
A de hardis calculs il soumet sa lumiere:
Déjà, le prisme en main, il divise ses traits,
De sa chaleur féconde il cherche les effets:
Il voit jaillir les feux de leur brûlante source,
Il mesure cet astre, il lui marque sa course;
Et, cherchant dans les cieux son auteur immortel,
S'élève jusqu'au trône où siége l'Eternel.

O retraite sacrée! ô délices du sage!
Ainsi, fier de penser loin du monde volage,
Il voit des préjugés le rapide torrent
Entraîner loin de lui le vulgaire ignorant:
Et, suivant des humains la course vagabonde,
Jouit, en le fuyant, du spectacle du monde.

HÉLAS! si des humains les instans sont si courts,
Faut-il dans de vains jeux perdre nos plus beaux jours?
Faut-il que la langueur de notre ame assoupie,
Même avant notre mort, nous prive de la vie?
Dans l'avenir plutôt dressons-nous des autels?
Ami, ce tems, qui fuit, peut nous rendre immortels.

SUR LE LUXE.

Sors de la tombe, sors, réveille-toi, Boileau!
Rembrunis tes couleurs, raffermis ton pinceau;
Mais laisse en paix Cotin, misérable victime,
Immolée au bon goût, quelquefois à la rime.
Près des mauvaises mœurs, que font les mau-
  vais vers ?
Laisse là nos écrits, et combats nos travers :
Viens, je veux à tes traits les livrer tous ensemble :
Le luxe, dans lui seul, ce monstre les rassemble.
Quoi ! sur nos mœurs encor des sermons importuns,
Des déclamations, de tristes lieux communs ?
Des lieux communs ! non, non. Si je disais :
  Dorante
Fait briller à son doigt deux mille écus de rente,
Ce commis échappé de l'ombre des bureaux,
Fait courir deux valets devant ses six chevaux;
De l'épais Dorillas, que Paris vit si mince,
Le salon coûte autant que le palais d'un prince :
Ce traitant, dans un jour, consume plus dix fois
Qu'il ne faut pour nourrir son village six mois :

Voilà des lieux communs, trop communs, je
    l'avoue.
Mais si je dis : cet homme attendu sur la roue,
Pour son faste orgueilleux courbe tout devant lui ;
Ce qui perdit Fouquet, l'absoudrait aujourd'hui :
Ce vieux prélat se plaint, dans l'orgueil qui l'enivre,
Qu'un million par an n'est pas trop pour bien vivre :
Cette beauté vénale, émule de Deschamps,
Des débris de vingt ducs scandalise Longchamps :
De sa vile moitié ce trafiquant infâme,
Étale impudemment l'or que paya sa femme :
Sont-ce des lieux communs que de pareils tableaux ?
Non ; grace à vos excès, mes vers seront nouveaux.
Mais n'outrons rien : je hais ceux dont le zèle
    extrême
Donne tort au bon droit, et rend faux le vrai même.
Équitables censeurs, fuyons dans nos écrits
Les préjugés de Sparte et ceux de Sybaris.
Sur un petit état jugeant un grand royaume,
Je ne viens point loger nos princes sous le chaume,
Ravaller nos Crassus aux Romains du vieux tems,
Des pois de Curius régaler nos traitans,
A nos jeunes marquis, si fous de leur parure,
Du vieux Cincinnatus faire endosser la bure,
A nos galans seigneurs citer le dur Caton.
Non, je serais gothique : et le morne baron,
Fier du superbe hôtel qu'il veut que l'on admire,
A de pareils discours se pâmerait de rire.

                                                H

Il est un luxe utile et décent, j'en conviens,
Permis aux grands états, aux grands noms, aux
      grands biens,
Qui jusqu'au dernier rang refoulant la richesse,
Fait redescendre l'or qui remonte sans cesse.
Il est un autre luxe au vice consacré,
De l'active industrie enfant dénaturé.
L'orgueil seul éleva ce colosse fragile;
Son simulacre est d'or, et ses pieds sont d'argile.
La vanité le sert : l'orgueil, à ses genoux,
Immole sans pitié, fils, femme, père, époux.
Squelette décharné, son étique figure
Affecte un embonpoint qui n'est que bouffissure.
Sous la pourpre brillante, il cache des lambeaux,
Et son trône s'élève au milieu des tombeaux.
Mais j'entends murmurer de graves politiques,
Gens d'état, financiers, auteurs économiques.
De leurs discours subtils j'aime la profondeur;
Mais enfin, avant tout, il s'agit du bonheur.
Voyons : d'un luxe adroit les savans artifices
Ont de nos jours, dit-on, varié les délices.
Malheureux qui se fie à ses prestiges vains!
De nos biens, de nos maux, les ressorts souverains,
Quels sont-ils? la nature, et sur tout l'habitude.
En vain de ton bonheur tu te fais une étude :
Sous l'humble toit du sage, heureux sans tant
      de soins,
Le vrai plaisir se rit de tes pompeux besoins.

Dis-moi : quand l'air plus pur et la rose nouvelle,
Loin de nos murs fameux dans nos champs te
     rappelle,
Si d'un riche parterre, orné de cent couleurs,
Mille vases brillans ne contiennent les fleurs,
Si l'oiseau n'est captif dans de vastes treillages,
Si l'eau ne rejaillit parmi des coquillages,
En retrouves-tu moins le murmure des eaux,
Le doux baume des fleurs, le doux chant des oiseaux ?
L'art se tourmente en vain : la fraise que le verre,
Par de fausses chaleurs, couve au fond d'une serre,
A-t-elle plus de goût ? Faut-il que ces pois verds,
Pour flatter ton palais, insultent aux hivers ?
Ce melon avancé par l'apprêt d'une couche,
D'un jus plus savoureux parfume-t-il la bouche ?
Heureuse pauvreté ! je n'ai pas les moyens
D'altérer la nature et de gâter ses biens.
L'art te donne, à grands frais, d'imparfaites prémices :
Des fruits, dans leurs saisons, je goûte les délices.
Ces dons prématurés sont moins piquans pour toi,
Que ceux que la nature assaisonne pour moi.
Va, rassemble ces fruits que méconnaît Pomone,
Joins l'hiver à l'été, le printems à l'automne :
Transporte, pour languir dans l'uniformité,
La cité dans les champs, les champs dans la cité;
Qu'enfin le jour en nuit, la nuit en jour se
     change :
De tous ces attentats la nature se venge,

Et ne laisse, en fuyant, que des sens émoussés,
Un cerveau vaporeux et des nerfs agacés.
Puis, vante-nous le luxe et ses recherches vaines !
Stérile en vrais plaisirs, adoucit-il nos peines ?
Charme-t-il nos douleurs ? Ce monde de valets
A-t-il du fier Chrysès chassé les maux secrets ?
D'importuns tintemens frappent-ils moins l'oreille,
Où pend d'un gros brillant la flottante merveille ?
Demande au vieux Narcis si sa bague une fois
Calma le dur accès qui vint tordre ses doigts ?
Non, dans de vains dehors le bonheur ne peut être,
Et, dans l'art de jouir, l'orgueil est mauvais maître:
Mais, l'homme fastueux cherche-t-il à jouir ?
Prétend-il vivre ? Non, il ne veut qu'éblouir.
Dans les discours publics, il met sa jouissance.
De l'éclat ruineux de sa folle dépense
Veut-on le corriger ? le moyen n'est pas loin;
Ordonnez seulement qu'il soit fou sans témoin.
Faites qu'incognito sa maitresse soit belle,
Et je veux, dès demain, le voir époux fidèle.
Que pour son cuisinier il ne soit plus cité,
Et je me fais garant de sa frugalité.

L'OR, pauvre genre-humain, vous fut donné,
     je pense,
Pour être le hochet de votre vieille enfance.
L'un, n'osant y toucher, l'enterre tristement;
L'autre, au lieu d'en user, le jette follement.

Dis-moi, de ces deux fous, lequel l'est d'avantage,
Ou l'avare opulent qui s'en défend l'usage,
Ou le sot fastueux qui, fier d'un vain fracas,
Le dépense en objets dont il ne jouit pas?
Le chef de ses concerts lui choisit sa musique,
Des peintres ses tableaux, des auteurs sa critique,
Un cuisinier ses mets. Jouissant par autrui,
Il ne voit, ni n'entend, ni ne mange pour lui.
Heureux encore, heureux, si les airs qu'il se donne
Font rire à ses dépens, sans ruiner personne!
Car nous sommes bien loin de ce siècle grossier
Où l'on croyait encor qu'acheter est payer.
O quels pleurs verserait un nouvel Héraclite!
Que de bon cœur rirait un nouveau Démocrite,
S'il voyait chaque état d'un vain faste s'enfler,
Jusqu'à l'homme opulent le pauvre se gonfler,
Le seigneur aux commis disputer l'élégance,
Le duc des traitans même affecter la dépense,
Et ceux-ci dans un wist hasarder sans effroi
Plus qu'en six mois entiers ils ne rendent au roi!

TOUTEFOIS dans le luxe il est un trait que j'aime,
C'est qu'au moins il nous venge et se détruit lui-
        même,
Et toujours son désastre est près de ses succès;
Car dans un tems fécond en monstrueux excès,
En vain vous m'étalez des sottises vulgaires:
Vite, engloútissez-moi tout le bien de vos pères,

Ou dans votre quartier obscurément fameux,
Dans vos salons bourgeois végétez donc comme eux.
Mondor de cet avis sentit bien l'importance.
Déployant dans son faste une noble insolence,
Mondor se ruinait avec un goût exquis.
Boucher lui vendait cher ses élégans croquis,
Géliote chantait dans ses fêtes superbes,
Préville et Dugazon lui jouaient des proverbes.
Sa Laïs à prix d'or lui vendant son amour,
Traitait aux frais du sot et la ville et la cour.
Enfin, son bilan vint. Plus d'amis : sa maitresse
D'avance avait ailleurs su placer sa tendresse.
Lui, sans pain, sans asyle, et d'un fatal orgueil,
En habit jadis noir, portant le triste deuil,
Dans quelque vieux grenier va cacher sa misère,
Et pour comble de maux.... il est époux et père.
Damis vous soutiendra, qui l'eût pu soupçonner?
Que pour faire fortune, il faut se ruiner.
Je le veux : toutefois, peut-être est-il peu sage
De risquer ce qu'on a pour avoir davantage.
Il a beau répéter, prodigue intéressé :
« Le roi sait qu'aux états j'ai seul tout éclipsé.
» Au dernier camp, la cour en doit être informée,
» J'ai tenu table ouverte, et j'ai traité l'armée »,
Le roi, la cour, malgré des services si beaux,
Laissent en pleine rue arrêter ses chevaux.
Trop heureux le mortel, dont la sage balance
Donne un juste équilibre à sa noble dépense,

Qui sait avec l'éclat joindre l'utilité,
L'abondance au bon goût, au plaisir la santé,
Sans prodigalité comme sans avarice !
Qui l'eût cru, que le luxe unît ce double vice?
Tout est plein cependant d'avares fastueux.
Voyez le fier Orgon, bourgeois présomptueux :
Il pouvait rendre heureux sa famille et lui-même,
Sa fille eût épousé le jeune amant qu'elle aime;
Un bon maître eût instruit ses enfans : ses amis
A sa table, à leur tour, se seraient vus admis,
Et d'un bon vin d'Aï l'influence féconde
Eût fait courir les ris et la joie à la ronde.
Mais, placé par le sort près d'un riche voisin,
Sur sa magnificence il veut monter son train,
Et pour l'air d'être heureux, perdant le droit de l'être,
Il s'est fait indigent, de peur de le paraître :
Pour son leste équipage, il fondit ses contrats:
Le foin de ses chevaux est pris sur ses repas.
En faveur des rubis, dont sa femme étincelle,
Hier chez l'usurier on porta la vaisselle.
Son cocher coûte cher. En revanche, à son fils,
Il achète, au hasard, un pédant à bas prix;
Et le cruel enfin condamne, dans sa rage,
Sa fille au célibat, et sa femme au veuvage.
Eh ! mon ami, crois-moi, ton éclat fait pitié !
Le bonheur suit souvent un bon bourgeois à pié :
Et ton char fastueux promène la misère.
« En effet, me répond ce gros millionnaire:

» Ce discours, que j'approuve, est bon pour un faquin,
» Dont l'aisance éphémère expirera demain.
» Avoir du goût chez lui serait une insolence :
» Mais moi, chargé du poids d'une fortune immense,
» Je dois m'en délivrer avec le noble éclat
» Que demande mon nom, qu'impose mon état ».
Quoi ! ton or t'importune ? ô richesse imprudente !
Pourquoi donc près de toi cette veuve indigente,
Ces enfans dans leur fleur desséchés par la faim,
Et ces filles sans dot, et ces vieillards sans pain ?
Ton or te pèse, ingrat ! connais la bienfaisance,
Sois pour les malheureux une autre providence.
Aux mains de ton pasteur cours déposer le prix
Des magots qu'attendait le boudoir de Laïs.
Dote les hôpitaux : qu'une aumône secrète
Surprenne l'indigent au fond de sa retraite.
Du moins si tes bienfaits n'osent rester obscurs,
Encourage nos arts et décore nos murs.
La peinture à tes soins remet ce jeune élève,
Ce chef-d'œuvre important demande qu'on l'achève,
Ce monument gothique offense les regards.......
Mais que parlè-je ici de chefs-d'œuvre de l'art ?
Vois-tu près de tes parcs, sous ton château superbe,
Ces spectres affamés qui se disputent l'herbe ?
Vois-tu tous ces vassaux, filles, femmes, enfans,
De ton domaine ingrat abandonner les champs ?
Sois homme, par tes dons retiens ce peuple utile,
Laisse lui quelque épi du champ qu'il rend fertile,

Et que ses humbles toits , réparés à tes frais ,
Pardonnent à l'orgueil de tes riches palais.

LES MALHEURS DE LA DÉFIANCE.

FRAGMENT

*D'un poëme manuscrit sur l'*IMAGINATION (1).

Vois-tu ce malheureux, qu'un tyran de Sicile
Appelle à son festin (2) ? Pale et tout effrayé
De cette menaçante et sinistre amitié,
Il goûte avec effroi ces délices perfides,
Porte, en tremblant, la coupe à ses lèvres livides,
Vers les lambris dorés lève un œil éperdu,
Et sur sa tête voit le glaive suspendu.

(1) On sait que J. J. Rousseau fut le modèle et la victime de cette triste affection : peu de personnes attirèrent ou conservèrent sa confiance. Dans le long séjour qu'il fit à la campagne, il voyait moins encore le plaisir de jouir de la nature que le bonheur d'être éloigné des hommes Au moment de sa mort, il ne se rappela aucun de ses anciens amis, ne parut donner aucun regret à aucune des personnes qu'il avait connues, et ses dernières paroles furent : « Ouvrez moi cette fenêtre, que je voie encore ce beau soleil » (*Note de l'Auteur , ainsi que les suiv.*).

(2) On se rappelle le repas que Denys le tyran donna à Damoclès.

Telle est la défiance au banquet de la vie.
Que dis-je ? son poison en corrompt l'ambroisie :
Elle-même contre elle aiguise le poignard,
Donne aux ombres un corps, un projet au hazard,
Charge un mot innocent d'un crime imaginaire,
Et s'effraie à plaisir de sa propre chimère :
Ainsi, dans leurs forêts, les crédules humains
Craignaient ces dieux affreux qu'avaient forgés
       leurs mains.
Quel besoin plus pressant nous donna la nature,
Que de communiquer les chagrins qu'on endure,
De faire partager sa joie et sa douleur,
Et dans un cœur ami de répandre son cœur ?
Toi seul, triste martyr de ta sombre prudence,
Toi seul, ne connais pas la douce confidence.
En vain de ton secret tu te sens oppresser,
Au sein de quels amis l'oseras-tu verser ?
Des amis ! crains d'aimer : les plus pures délices
Dans ton cœur soupçonneux se changent en supplices ?
Des plus mortels poisons l'abeille fait son miel :
Toi, du plus doux objet tu composes ton fiel.
Ton cœur, dans l'amitié, prévoit déjà la haine :
De soupçons en soupçons, l'amour jaloux te
       traîne.
Un génie ennemi brise tous tes liens :
Tu n'as plus de parens, ni de concitoyens :
Te voilà seul : va, fuis loin des races vivantes,
Habite avec les rocs, les arbres et les plantes,

Dans quelque coin désert, dans quelque horrible
       lieu,
Où tu ne pourras plus calomnier que Dieu.
Mais à voir les humains tu ne dois plus prétendre,
Tu ne dois plus les voir, ne dois plus les entendre.
Ton ame morte à tout ne vit que par l'effroi :
Les morts sont aux vivans moins étrangers que toi :
Le regret les unit ; et toi, tout t'en sépare.

HÉLAS ! il le connut ce plaisir si bizarre,
L'écrivain qui nous fit entendre tour-à-tour
La voix de la raison et celle de l'amour.
Quel sublime talent ! quelle haute sagesse !
Mais combien d'injustice, et combien de faiblesse !
La crainte le reçut au sortir du berceau,
La crainte le suivra jusqu'aux bords du tombeau.
Vous qui de ses écrits savez goûter les charmes,
Vous tous qui lui devez des leçons et des larmes,
Pour prix de ces leçons et de ces pleurs si doux,
Cœurs sensibles, venez, je le confie à vous.
Il n'est pas importun : plein de sa défiance,
Rarement des mortels il souffre la présence;
Ami des champs, ami des asyles secrets,
Sa triste indépendance habite les forêts.
Là-haut, sur la colline, il est assis peut-être,
Pour saisir le premier le rayon qui va naître.
Peut-être au bord des eaux par ses rêves conduit,
De leur chûte écumante il écoute le bruit;

Ou, fier d'être ignore, d'échapper à sa gloire,
Du pâtre qui raconte il écoute l'histoire:
Il écoute, et s'enfuit; et sans soins, sans desirs,
Cache aux hommes qu'il craint ses sauvages plaisirs.
Mais s'il se montre à vous, au nom de la nature,
Dont sa plume éloquente a tracé la peinture,
Ne l'effarouchez pas, respectez son malheur,
Par des mots caressans apprivoisez son cœur :
Hélas ! ce cœur brûlant, fougueux dans ses caprices,
S'il a fait ses tourmens, il a fait vos délices.
Soignez donc son bonheur, et charmez son ennui :
Consolez-le du sort, des hommes et de lui.
Vains discours! rien ne peut adoucir sa blessure:
Contre lui, ses soupçons ont armé la nature.
L'étranger dont les yeux ne l'avaient vu jamais,
Qui chérit ses écrits, sans connaitre ses traits;
Le vieillard qui s'éteint, l'enfant simple et timide,
Qui ne sait pas encor ce que c'est qu'un perfide (1),
Son hôte, son parent, son ami lui font peur :
Tout son cœur s'épouvante au nom de bienfaiteur.
Est-il quelque mortel, à son heure suprême,
Qui n'expire appuyé sur le mortel qu'il aime,
Qui ne trouve des pleurs dans les yeux attendris
D'un frère ou d'une sœur, d'une épouse ou d'un fils ?

(1) Voyez dans ses confessions les inquiétudes que lui causaient un vieil invalide et un jeune enfant qu'il ne retrouve plus dans la promenade où il avait coutume de les rencontrer, et qu'il croyait conspirer avec ses ennemis.

L'infortuné qu'il est! à son heure dernière,
Souffre à peine une main qui ferme sa paupière:
Pas un ancien ami qu'il cherche encor des yeux!
Et le soleil lui seul a reçu ses adieux.

MALHEUREUX! le trépas est donc ton seul asyle!
Ah! dans la tombe au moins repose enfin tranquille.
Ce beau lac (1), ces flots purs, ces fleurs, ces
      gasons frais,
Ces pâles peupliers, tout t'invite à la paix.
Respire donc enfin de tes tristes chimères.
Vois accourir vers toi les époux et les mères;
Regarde ces amans, qui viennent chaque jour
Verser sur ton cercueil les larmes de l'amour;
Vois ces groupes d'enfans se jouant sous l'ombrage,
Qui de leur liberté viennent te rendre hommage (2):
Et dis, en contemplant ce spectacle enchanteur:
« Je ne fus point heureux, mais j'ai fait leur
      bonheur. »

(1) Le lac d'Ermenonville.
(2) Rousseau est le premier qui se soit élevé en France contre
l'usage barbare du maillot.

TRADUCTION

TRADUCTION

DE L'ÉPITRE DE POPE (1)

AU DOCTEUR ARBUTHNOT.

FERME la porte, Jean, et qu'on me barricade.
Qu'on mette les verroux; dis que je suis malade,
Dis que je suis mourant, dis que je ne suis plus.
Dieux! quels flots de rimeurs, près d'ici répandus!
Mon œil épouvanté, croit voir sur cette place
Tout l'hôpital des fous, ou bien tout le Parnasse.
Les vois-tu, récitant, courant en furieux,
Un papier dans les mains, et le feu dans les yeux?

(1) Cette épître, qui sert de prologue aux satires de Pope, et qui devrait plutôt se trouver à la tête de sa Dunciade, est elle même une excellente satire. Pope avait confié au docteur Arbuthnot son projet de ridiculiser, dans un poëme, tous ces écrivailleurs qui le poursuivaient dans leurs écrits. Arbuthnot, redoutant, comme médecin, le mauvais effet de ces querelles, et comme ami, la vengeance de la cabale puissante que Pope allait susciter contre lui, chercha à le détourner de son dessein. Il persista, par les motifs rapportés dans cette épître. Elle fut composée à différentes époques, par morceaux, la plupart dictés par l'occasion, et qui ne furent réunis que lors de la publication des satires.

6

Contre ce vil essaim qui fourmille sans cesse,
Quel rempart assez sûr, quelle ombre assez épaisse ?
Il m'attaque par terre, il m'assiége par eau,
Se glisse dans ma grotte, investit mon berceau,
Inonde mes bosquets, borde mon avenue,
Me poursuit dans l'église, et m'atteint dans la rue ;
Ou, chassé par la faim de son noir galetas,
M'aborde.... justement à l'heure du repas.

Est-il un vil rimeur dont la verve grossière
Exhale en plats ecrits les vapeurs de la bière,
Est-il un grand seigneur, auteur de petits vers,
Un poète en jupon, qui rime de travers,
Un clerc encor poudreux, qui, déserteur du code,
Sache, au lieu d'un contrat, me griffonner une ode,
Un fou qui, renfermé sans encre et sans papier,
Ait charbonné de vers les murs de son grenier?
Tous viennent m'assaillir dans leurs fureurs
                étranges,
Outrés de ma critique, ou fiers de mes louanges.
Arthur voit-il ses fils négliger le barreau ?
Ce sont mes maudits vers qui troublent leur
                cerveau.
Et le pauvre Cornus, trahi par ce qu'il aime,
S'en prend aux beaux-esprits, à ma Muse, à moi-même!

Toi qui sauvas mes jours, toi sans qui l'univers,
Et pour et contre moi n'eût point vu tant de vers,

Quel remède contre eux ? Comment fuir cette peste ?
Parle, lequel pour moi crois-tu le plus funeste,
De la haine des sots ou de leur amitié ?
D'un et d'autre côté, que mon sort fait pitié !
Ami, je crains leurs vers; ennemi, leurs libelles.
D'une part de l'ennui, de l'autre des querelles.
On frappe, c'est Codrus ! Je suis mort. Le bourreau,
Pour me lire ses vers, me tient sous le couteau.
Forcé de les juger, conçois-tu ma misère ?
Moi, qui n'ose mentir et qui ne puis me taire !
Rire aux yeux de l'auteur serait trop inhumain;
Ecouter de sang-froid, je l'essairais en vain.
Quel tourment ! je m'assieds, composant mon
        visage :
Poliment je m'ennuie, en silence j'enrage,
Et lâche enfin ces mots très-peu satisfaisans :
« M'en croirez-vous? gardez votre pièce neuf ans ».
Neuf ans ! crie un auteur forcé de faire un livre,
Et par besoin d'écrire, et par besoin de vivre,
Qui dès le point du jour rime entre deux rideaux
Dont le tendre zéphyr caresse les lambeaux.
« Vous blâmez donc mes vers ! Je vais vous les
        remettre.
Ajoutez, retranchez, vous m'y verrez soumettre.
—Deux graces seulement, dit l'autre, et rien de plus :
Votre amitié, d'abord.—Et puis quoi?—Cent écus.
—Monsieur, lisez ces mots que Damon vous adresse :
Vous connaissez le duc, parlez à son altesse.

-- Mais ce Damon, monsieur, m'a cent fois outragé.
-- Ah ! par son repentir vous êtes bien vengé ;
Ne le refusez pas ; sa haine est redoutable :
Il écrit un journal, Curl (1) l'invite à sa table ».
Bon! D'où vient ce paquet ? J'ouvre et je lis ces mots:
«C'est un drame, monsieur, nouvellement éclos.
L'auteur veut se cacher: attendant qu'il prospère,
A ce pauvre orphelin daignez servir de père. »
Si je dis qu'il est mal, Dieu sait quelles fureurs :
Si je dis qu'il est bien, parlez-en aux acteurs.
Je respire à ces mots; grace à certaines rimes,
Les histrions et moi, ne sommes pas intimes,
La pièce est refusée. Outré de désespoir,
«Morbleu, dit-il, je veux l'imprimer dès ce soir.
Parlez-en à Lintot. -- Lui! ce fat de libraire,
En l'imprimant gratis, croira déjà trop faire.
-- Et bien, retouchez-la : je suis bien importun:
Mais, me dit-il tout bas, le gain sera commun »,
A ces mots, je le chasse: et lui rouvrant la porte :
Vous et vos vers, monsieur, de grace que l'on sorte.

QUAND du plus opulent et du plus sot des rois
L'oreille s'allongea pour la première fois,
Son ministre indiscret (d'autres disent sa femme),
Plutôt que de se taire, eût cent fois rendu l'ame.

---

(1) Libraire de Londres.

Le secret fut trahi : le garderai-je mieux,
Moi qui vois tant de sots en porter à mes yeux ?
—Modérez-vous, craignez des accidens sinistres,
Et ne nommez ni rois, ni reines, ni ministres.
— Je méprise les sots et n'en parle jamais.
— Laissons l'âne montrer ses oreilles en paix.
Quel mal peut-il vous faire, et quel si grand
     désordre ?.....
— Quel mal il peut me faire ! il peut ruer et mordre.
Ces sots sont des méchans : lâchons-le, je le veux,
Ce secret qui n'est plus un secret que pour eux.
La reine, pour dormir, sema cette nouvelle :
Pour sommeiller en paix, publions-la comme elle.
Je vous parais cruel ; retenez bien ce mot :
De tous les animaux, le plus dur c'est un sot.
Intrépide Codrus, les loges, le parterre,
Par d'affreux sifflemens, te déclarent la guerre.
Quel tumulte ! quels cris ! inutile revers,
Codrus verrait en paix s'écrouler l'univers.
Vois filer dans un coin cet animal infâme ;
Que l'on brise sa toile, il renoûra sa trame.
Confondez les discours de ce vil rimailleur :
Il revient à l'ouvrage, avide écrivailleur ;
Et fier d'un vain tissu, qui d'un souffle s'envole,
L'insecte admire en paix son ouvrage frivole.
MAIS quels sont donc mes torts ? qu'ont perd
     tous ces fous ?
Ce poëte a-t-il moins son sourire jaloux ?

Milord, ce fier sourcil où son orgueil éclate ?
Cibber, sa courtisane et ce seigneur qu'il flatte ?
Henley de sa canaille est-il moins l'orateur ?
Moor de ses francs-maçons le zélé sectateur ?
Bavius n'est-il plus admis à cette table ?
Ce prélat trouve-t-il Philips moins admirable ?
Sapho...—Bon Dieu! paix donc! de pareils ennemis.....,
— Ah ! je crains plus encor de semblables amis.
Alors qu'il vous outrage, un sot n'est pas à craindre :
C'est lorsqu'il se repent qu'on est le plus à plaindre.
L'un me dédie un tome, et son ton empesé,
Plus que cent ennemis, m'a ridiculisé.
L'autre, la plume en main, chevalier de ma gloire,
Pour moi, contre un journal dispute la victoire.
L'autre vend mes écrits lâchement enlevés;
L'autre crie après moi : souscrivez, souscrivez.
Plusieurs de mon corps même admirent la disgrace.
« Ovide eut votre nez : vous toussez comme Horace ;
» Alexandre portait l'épaule comme vous :
Vos yeux. — Bon, mes amis! cet éloge est bien doux :
Ainsi de ces mortels, fameux par leur mérite,
Ce sont précisément les défauts que j'hérite.
Quand je languis au lit, dites-moi poliment :
Virgile reposait comme vous justement ;
Et quand j'expirerai, contez-moi, pour me plaire,
Qu'autrefois, comme moi, mourut le grand Homère.
CIEL! quel fâcheux démon m'a mis la plume en main?
Que de papier perdu dans un métier si vain !

Dès le berceau , (combien la nature est puissante !)
Je bégayais des vers d'une voix innocente.
Age heureux , où l'on sent des plaisirs sans douleurs,
Où , sans craindre d'épine , on recueille des fleurs !
Mais du moins , en rimant , j'ai suivi mon génie :
Je n'ai point de mon père empoisonné la vie.
Ma Muse ne m'apprit qu'à chanter la vertu ,
Qu'à surmonter les maux dont je suis combattu ,
Qu'à bénir tes bienfaits , tendre ami que j'honore ,
Qu'à supporter ces jours que tu soutiens encore.

MAIS pourquoi, dira-t-on, vous imprimer? Pourquoi?
Eh ! qui n'aurait été séduit ainsi que moi ?
Walsh, ce fin connaisseur , le délicat Granville ,
M'ont dit : vous charmerez et la cour et la ville :
Garth, le généreux Garth , daignait guider mes pas ,
Congrève me louait , Swift ne me blâmait pas.
Sheffield, Talbot, Somers , consentaient à me lire ,
Le grave Atterbury m'accordait un sourire ,
Et Bolinbroke, ami de Dryden vieillissant ,
Embrassait avec joie un poëte naissant.
Heureux mes vers, de plaire à leur esprit sublime!
Mais plus heureux l'auteur , de gagner leur estime !
Par eux on jugera mon cœur et mon esprit :
Et que m'importe après ce qu'un Burnet écrit?

RAPPELLE-TOI l'essor de ma Muse novice.
Elle n'osait encor livrer la guerre au vice :

Elle peignait des fleurs, des vergers, des ruisseaux.
Qui pouvait s'offenser de ces rians tableaux ?
Gildon pourtant dès-lors outragea ma personne:
Il veut dîner, me dis-je, hélas! je lui pardonne.

Qu'un censeur moins fougueux critique mes écrits,
S'il dit vrai, j'en profite; et s'il a tort, j'en ris.
Mais je connais trop bien nos graves Aristarques,
Stériles en génie et féconds en remarques.
Le zèle, le travail, la mémoire, ils ont tout,
Excepté du bon-sens, de l'esprit et du goût.
Ils savent avec art placer une virgule ;
Pas un accent n'échappe à leur docte scrupule :
Un mot, une syllabe épuisent leurs efforts :
Ils jugent les vivans, ils commentent les morts;
Et par l'éclat d'autrui, dissipant leurs ténèbres,
Joignent leurs noms obscurs aux noms les plus
      célèbres.
Tel le chêne soutient l'arbuste dans les airs;
Tel l'ambre offre à nos yeux de la paille et des vers,
Mais que d'auteurs choqués ! j'approuve leur
      murmure :
Je les appréciai, c'est sans doute une injure.
Damon, que j'ai loué, n'est pas content de moi.
Hélas! c'est que Damon est trop content de soi.
Pour louer un auteur, il nous faudrait connaître
Non pas tout ce qu'il est, mais tout ce qu'il croit être,
Les beaux-esprits, ainsi que les vieilles beautés,
Trouvent leurs portraits faux, s'ils ne sont pas flattés.

L'un en un faux sublime égare sa pensée,
Et nomme poésie une prose insensée ;
L'autre, faux bel-esprit, tient mon esprit tendu,
Veut être deviné, mais jamais entendu.
L'autre, des vers d'autrui s'est enrichi sans honte,
Traduit pour un écu quelque insipide conte,
De son étroit cerveau tire dix vers par an,
N'écrit que pour prouver qu'il écrit sans talent,
Revêt de cent lambeaux une Muse postiche,
Pille, dépense peu, mais n'en est pas plus riche.
Cependant si ma Muse, à ces minces auteurs,
Veut bien donner le nom d'heureux compilateurs,
Quels cris ! Oui, disent-ils dans leur fureur extrême,
Il lancera ses traits contre Addisson lui-même.
Eh bien ! qu'ils meurent donc dans leur obscurité.

MAIS représentez-vous un écrivain vanté,
Plein de grâce et d'esprit, sachant penser et vivre,
Charmant dans ses discours, sublime dans un
      livre,
Partisan du bon goût, amoureux de l'honneur,
Fait pour un nom célèbre, et né pour le bonheur,
Mais qui, comme ces rois que l'Orient révère,
Pense ne bien régner qu'en étranglant son frère;
Concurrent dédaigneux et cependant jaloux,
Qui, devant tout aux arts, les persécute en vous,
Blâmant d'un air poli, louant d'un ton perfide,
Cherchant à vous blesser, mais d'une main timide;

Flatté par mille sots, et redoutant leurs traits,
Tellement obligeant qu'il n'oblige jamais,
Dont la haine caresse et le souris menace,
Bel-esprit à la cour et ministre au Parnasse,
Faisant d'une critique une affaire d'état,
Ainsi que son héros (1), dans son petit sénat,
Réglant le peuple auteur, tandis qu'en son extase
Tout le cercle ébahi se pâme à chaque phrase.
Parle, qui ne rirait de ce portrait sans nom?
Mais qui ne pleurerait si c'était Addisson?
Et qui n'aurait pitié du contraste bizarre
D'une ame si commune et d'un talent si rare?

MES écrits, je l'avoue, affichés en cent lieux,
Etalent sur nos murs leurs titres orgueilleux,
Et deux cents colporteurs, au lecteur qui s'empresse,
Les vendent tout mouillés au sortir de la presse.
Mais me voit-on bouffi d'une folle hauteur,
Vouloir en souverain régir le peuple auteur?
A ce peuple imposteur, encor plus que risible,
Tel qu'un sultan altier, je me rends invisible.
Après les vers nouveaux je ne vais point courir:
Sans savoir s'ils sont nés, je les laisse mourir.
Je ne vais point, trottant au travers de la ville,
Colporter des couplets, répandre un vaudeville,

_____

(1) Caton.

Remettre à l'imprimeur un écrit clandestin,
Des drames nouveaux-nés décider le destin,
Une orange à la main, soulever le parterre,
Dans l'ombre d'un café, réformer l'Angleterre.
Las de prose, de vers, des Muses, d'Apollon,
J'abandonne à Bardus tout le sacré vallon.

TEL qu'Apollon assis sur la double colline,
L'épais Bardus s'étale avec sa lourde mine ;
Trente rimeurs gagés le parfument d'encens :
Mécène et lui déjà vont de pair dans leurs chants,
Son cabinet, orné d'un Pindare sans tête,
S'ouvre indifféremment à tout mauvais poète.
Chaque auteur, de son goût vient recevoir la loi,
Demande ses avis, et sur-tout un emploi ;
Admire ses tableaux et sa magnificence ,
Et pour dîner un jour, pendant un mois l'encense,
Mais, helas ! il commence à devenir frugal.
Les uns, d'un froid éloge ont le maigre régal;
D'autres, un rendez vous pour réciter leurs pièces ,
Quelques-uns sont payés en simples politesses.
A ses yeux que toujours le vrai talent frappa,
Dryden, qui le croirait ? Dryden seul échappa.
Mais un grand éclairé tôt ou tard se détrompe :
Si Dryden meurt de faim, on l'enterre avec pompe.

OH ! puissent désormais tous ces vils protecteurs,
Grossir leur triste cour de tous ces vils auteurs!

Que tout rimeur vénal trouve un grand qui l'achète,
Que tout patron stupide ait un client plus bête !
Ainsi, tandis qu'un sot pour un fat rimera,
Tandis que la bassesse à l'orgueil se vendra,
Tous ces fous, loin de moi, fuiront l'un après l'autre.
O grands ! mon intérêt s'accorde avec le vôtre :
Je hais la flatterie, et vous la bonne-foi ;
Cibber rampe chez vous, et Gay vécut pour moi.
Ciel ! fais-moi, comme Gay, vivre et mourir
          sans maître !
Savoir vivre et mourir, c'est le seul art peut-être.
Puissai-je, indépendant de l'univers entier,
Paraitre noblement dans un noble metier :
Vivant pour mes amis, existant pour moi-même,
Lisant ce qui me plaît et voyant ceux que j'aime,
Du faquin qui protège implacable ennemi,
Mais aux grands quelquefois donnant le nom d'ami.
Non, je n'étais point né pour les grandes affaires ;
Je crois Dieu, ne dois rien, récite mes prières :
Je dors, grâces au ciel, sans rimer en rêvant,
Et ne sais si Dennis est ou mort ou vivant.

Qu'allez-vous imprimer ? vient-on souvent
          me dire :
Ciel ! n'étais je donc fait que pour toujours écrire ?
Insensé, n'ai-je donc rien de mieux à songer ?
Point d'amis à servir, de pauvre à soulager ?
—J'ai trouvé Pope et Swift enfermés tête-à-tête,
Dit l'indiscret Balbus ; quelque chose s'apprête.

J'ai

— J'ai beau lui protester..... — Eh! non, je vous
    connais :
Votre verve, dit-il, ne s'épuise jamais.
—Et la première horreur qu'un méchant distribue,
Ce connaisseur profond d'abord me l'attribue.
Hélas! malheur au vers le plus harmonieux
Qui blesse l'innocent d'un trait calomnieux,
Dont la pudeur rougit, dont la vertu s'allarme,
Qui peut de deux beaux yeux arracher une larme!
Me confonde le ciel, si l'on voit mes discours
Des jours d'un honnête homme empoisonner le cours!
Mais ce méchant, fléau des vertus les plus belles, —
Qui compose dans l'ombre, ou répand des libelles,
Qui déchire avec art, mais avec cruauté,
Le talent malheureux, l'indigente beauté;
Ce grand qui, près des rois adulateur servile,
Sous un ruban d'azur me cache une ame vile ;
Ce fat qui me protège avec un air si vain,
Qui, vantant mes écrits, néglige l'écrivain;
Qui n'ose me défendre alors que l'on me blesse,
Me voit par vanité, me trahit par faiblesse;
Qui, s'il n'est pas méchant, est du moins indiscret,
Qui donne un ridicule, ou révèle un secret;
Qui, prêtant à mes vers des tournures malignes,
Va dire aux grands: c'est vous que l'on peint
    dans ces lignes :
Voilà ceux qu'à mes pieds je veux voir abattus;
Je suis l'effroi du vice, et l'appui des vertus.

Que Sporus tremble. -- Qui ? cette chétive espèce,
Automate de soie , extrait de lait d'ânesse !
Chenille que colore un brillant vermillon !
Quoi ! faut-il dans la mer noyer un papillon ?
—Du moins écrasez donc cet orgueilleux insecte,
Ce ver aux ailes d'or, qui me pique et m'infecte,
Qui, formé dans la fange , est fier de ses couleurs,
De la société flétrit toutes les fleurs ,
Parcourt , en bourdonnant, le Pinde et les ruelles ,
Mais sans goûter les arts , mais sans jouir des belles.
Ainsi, dans le gibier qu'il mordille en grondant,
L'épagneul bien dressé n'ose imprimer la dent.
Son sourire éternel annonce une ame aride;
D'un ruisseau peu profond ainsi l'onde se ride.
Voyez cette poupée au teint pétri de fard ,
S'exprimer par ressort, gesticuler par art;
Il siffle ou calomnie, il chansonne ou blasphême;
Il lance une épigramme, ou discute un système.
Être indéfinissable , équivoque animal,
Avantageux et bas , doucereux et brutal ,
Tour-à-tour grand seigneur ou petite-maîtresse,
Mignard comme une fille , ou fier comme une altesse,
Frivole par l'esprit , infâme par le cœur ,
Fat auprès d'une femme, auprès des rois flatteur.
Belle Eve, ainsi l'on peint ton séducteur funeste,
Ange par la figure et serpent par le reste :
C'est un être choquant , même par sa beauté ,
Affable par orgueil , rampant par vanité.

LIBRE d'ambition, insensible aux richesses,
Courageux sans hauteur, complaisant sans bassesses,
Voilà le vrai poète ; il plait, mais noblement :
De l'orgueil d'un ministre il n'est pas l'instrument.
Flatter, même les rois, à ses yeux est coupable,
De mentir, même en vers, sa bouche est incapable.
Chez lui la poésie est plus que de vains sons :
La sublime morale embellit ses chansons.
Il fait briller le vrai dans la fiction même :
Ce n'est point un vain nom, c'est la vertu qu'il
   àime.
Il respecte les grands et ne les trompe pas :
Il dompte ses rivaux, sans livrer de combats.
Il voit avec mépris le louangeur stupide,
L'agresseur furieux, le défenseur timide,
Le critique implacable et qui mord sans pitié,
Le bel-esprit jaloux, et qui loue à moitié :
Tant de coups sans effet, tant de traits sans blessure,
Et la haine impuissante et l'amitié peu sûre.
Qu'on réchauffe cent fois des contes pleins d'ennui,
Que l'on charge son nom de sottises d'autrui,
Qu'un méchant affamé défigure, pour vivre,
Ses traits dans une estampe, et ses mœurs dans
   un livre,
Qu'on l'outrage dans ceux qui lui sont les plus chers,
Qu'on blâme sa morale au défaut de ses vers,
Que l'on poursuive encor, par une lache envie,
Ses amis dans l'exil et son père sans vie,

Qu'enfin, jusqu'à son roi, les vils échos des cours
Fassent de ces méchans retentir les discours :
Adorable vertu, c'est à vous qu'il s'immole ;
C'est pour vous qu'il souffrit, par vous il se console.

— MAIS j'insulte le pauvre, et je brave les grands.
— Oui, pour moi l'homme vil est vil dans tous
     les rangs
Je le hais sous le froc ainsi que sous la mître :
Chevalier d'industrie ou chevalier en titre,
Ecrivain mercenaire ou courtisan vénal,
Assis sur la sellette ou sur le tribunal,
Triomphant dans un char ou rampant dans la boue,
Admis auprès du trône ou conduit à la roue.

CEPENDANT cet auteur si terrible et si craint,
Sapho sait qu'il n'est pas aussi noir qu'on le peint.
Dennis même avoûra, s'il veut être sincère,
Qu'en méprisant ses vers, il aida sa misère.
On l'accuse d'orgueil : il était si peu fier,
Qu'il visita Tibald et but avec Cibber.
Un prêtre contre lui vomit un gros volume :
L'a-t-on vu pour répondre user en vain sa plume ?
Pour plaire à sa maîtresse, un fat l'ose outrager :
Ah ! qu'elle soit sa femme, et c'est trop le venger.
Que Pope soit l'objet d'une satire amère ;
Mais pourquoi dénigrer et son père et sa mère ?
Sa mère a-t-elle, hélas ! médit de son prochain ?
Vit-on jamais son père outrager son voisin ?

Lâches, écoutez-moi, respectez sa famille,
Et ne ternissez plus l'éclat dont elle brille :
Son nom sera sacré, tant que cet univers
Chérira les vertus et lira les beaux vers.

CEUX dont il tient le jour, et l'époux et la femme,
Etaient nobles de nom comme ils l'étaient par
　　　　l'ame.
Leurs aïeux pour l'honneur combattirent cent fois,
Quand de l'honneur encor nous connaissions les lois.
— Mais qu'étaient leur fortune et leurs biens ?
　　　　— Légitimes.
Ils laissèrent Crassus s'engraisser par des crimes.
Ce bon père, aujourd'hui l'objet de ses regrets,
Gentilhomme sans morgue, héritier sans procès,
Citoyen sans cabale, époux sans jalousie,
Traversa doucement l'espace de la vie.
Jamais il ne parut au tribunal des lois :
Jamais d'un faux serment n'appuya de vains
　　　　droits.
　　　N'était point enflé d'une vaine science :
Le langage du cœur fut sa seule éloquence.
Eclairé par l'usage, et poli par bonté,
Sain par la vie active et la sobriété,
Ses vénérables jours furent longs sans souffrance:
Son paisible trépas fut court, sans violence.
Ciel ! accorde à son fils et sa vie et sa mort :
Et les enfans des rois vont envier mon sort !

AMI, jouis toujours de ta douce folie :
Pour moi, mon cœur se plaît dans sa mélancolie.
Puissai-je encor long-tems, par de pieux secours,
Conserver une mère et prolonger ses jours,
Sur le bord du cercueil soûtenir sa faiblesse,
Egayer ses langueurs et bercer sa vieillesse,
Prévenir ses besoins, les lire dans ses yeux,
Et retarder encor son départ pour les cieux !

A MADAME DE * *

SUR LE GAIN D'UN PROCES.

LA Fortune est voilée, ainsi que la Justice:
L'une éparpille l'or au gré de son caprice :
   L'autre, soulevant son bandeau,
   Par fois jette un coup-d'œil propice
Sur le rang, le crédit, ou de l'or en rouleau:
Or, admirez l'effet de votre bonne étoile,
Pour vous restituer un légitime bien,
Sur ses yeux, cette fois, Thémis laisse son voile,
Et l'aveugle Fortune a déchiré le sien.

FRAGMENT
DE LA TRADUCTION

DU QUATRIÈME LIVRE DE L'ÉNÉIDE.

Tum vero Æneas subitis exterritus umbris.

CROYANT entendre encor cette voix menaçante,
Il se lève rempli d'une sainte épouvante :
Hâtez-vous, compagnons : rameurs, prenez vos
   rangs,
Abandonnez la voile à l'haleine des vents :
Vite, un dieu vient encor d'accuser ma paresse.
Qui que tu sois, grand dieu ! j'étouffe ma tendresse,
Je t'obéis ; et toi, daigne exaucer mes vœux :
Accorde-nous des vents et des astres heureux.
La foudroyante épée à ces mots étincelle :
Les cables sont coupés ; il part : et plein de zèle
Tout fuit, se précipite et vole sur les eaux.
La mer a disparu sous leurs nombreux vaisseaux.
Le rivage s'enfuit, et les flots qui bouillonnent
Cèdent aux grands efforts des bras qui les sillonnent.

L'aurore abandonnait le doux lit de Titon,
Et la nuit pálissait à son premier rayon :
Didon, du haut des tours, jetant les yeux sur
     l'onde ,
Les voit voguer au gré du vent qui les seconde.
Le rivage désert, les ports abandonnés ,
Frappent d'un calme affreux ses regards consternés.
Aussitôt arrachant sa belle chevelure ,
Se meurtrissant le sein : O Dieu ! quoi ! le parjure ,
Quoi ! le láche étranger aura trahi mes feux,
Aura bravé mon sceptre et fuira de ces lieux!
Il fuit , et mes sujets ne s'arment point encore
Ils ne poursuivent pas un traitre que j'abhorre !
Partez, courez, volez, montez sur les vaisseaux :
Des voiles , des rameurs , des armes , des flambeaux :
Que dis-je ? Où suis-je , hélas ! et quel transport
     m'égare !
Malheureuse Didon , tu le hais ce barbare !
Il fallait le haïr , quand ce monstre imposteur
Vint partager ton trône et séduire ton cœur.
Voilà donc cette foi, cette vertu sévère,
Ce fils qui se courba noblement sous son père ,
Cet appui des Troyens , ce sauveur de ses dieux:
Hélas ! lorsque l'ingrat se sauvait de ces lieux ,
Que n'ai-je pu saisir, déchirer le parjure ,
Donner à ses lambeaux la mer pour sépulture ,
Ou massacrer son peuple, et de ma propre main
Lui faire de son fils un horrible festin !...

Le danger eût peut-être arrêté ma furie.
Le danger! en est-il lorsque l'on hait la vie?
J'aurais saisi le fer, allumé les flambeaux,
Ravagé tout son camp, brûlé tous ses vaisseaux,
Submergé ses sujets, égorgé l'infidèle,
Et son fils et sa race, et moi-même après elle.
Soleil, dont les regards embrassent l'univers;
Reine des dieux, témoins de mes affreux revers,
Triple Hécate, pourquoi, dans l'horreur des
       ténèbres,
Retentissent dans l'air des hurlemens funèbres?
Pâles filles du Styx, vous tous, lugubres dieux,
Dieu de Didon mourante, écoutez tous mes
       vœux.
S'il faut qu'enfin ce monstre, échappant au naufrage,
Soit poussé dans le port, jeté sur le rivage,
Si c'est l'arrêt du sort, la volonté des dieux,
Que du moins assailli d'un peuple audacieux,
Errant dans les climats où son destin l'exile,
Implorant, mais en vain, des secours, un asyle,
Redemandant son fils arraché de ses bras,
De ses meilleurs amis il pleure le trépas!
Qu'une honteuse paix suive une guerre affreuse;
Qu'au moment de régner, une mort malheureuse
L'enlève avant le tems, et qu'en des lieux déserts
Son corps, sans sépulture, empoisonne les airs!
Voilà mon dernier vœu: du courroux qui m'enflamme
Ainsi le dernier cri s'exhale avec mon ame.

O vous , ô mes sujets ! que ce juste courroux,
Triomphant de ma mort , me survive dans vous!
Attaquez, combattez un peuple que j'abhore :
C'est ainsi que ma cendre exige qu'on l'honore.
Sors de ma cendre, sors, ô toi, fatal vengeur,
Que présage ma haine, et qu'attend ma fureur!
Prends ce fer, prends ce feu; que, dès ta tendre
        enfance ,
Le plus affreux serment te voue à ma vengeance!
Qu'à jamais la Discorde arme nos deux états !
Que la Paix te prépare à de nouveaux combats!
Que le peuple latin , que les fils de Carthage ,
Opposés par leurs dieux, le soient plus par leur rage!
Que de leur sol jaloux, que de leurs murs rivaux ,
Soldats contre soldats , vaisseaux contre vaisseaux,
Courent ensanglanter et la mer et la terre !
Qu'une haine éternelle éternise la guerre !
Que tes derniers neveux s'arment contre les miens,
Que mes derniers neveux s'acharnent sur les tiens a
Elle dit : etc.

ÉPITRE

SUR LES VERS DE SOCIÉTÉ.

J'AI promis des vers à Constance ;
Pour moi son ordre est une loi :
Qu'un regard soit ma récompense.
Il est vrai qu'avec répugnance
J'ai d'abord reçu cet emploi ;
Je hais le triste personnage
De ces insipides rimeurs,
Qui, dans leur importun ramage,
S'en vont bégayant des douceurs ;
Qui ne passent pas votre fête,
Sans qu'une chanson toute prête
Vous compare à votre patron ;
Ne permettent point qu'une femme
Mette au jour un petit poupon,
Sans accoucher après madame
D'un petit poëme avorton ;
Enfin, qui, méritant le nom

De poètes de la famille,
Chantent et la mère et la fille,
Et jusqu'au chien de la maison.

D'AILLEURS, pour offrir son hommage,
Sur-tout pour plaire à la beauté,
Parlons avec sincérité,
Les vers sont d'un bien faible usage !
Les poètes les plus vantés
Rarement ont eu l'avantage
De plaire aux yeux qu'ils ont chantés.
— Leur Muse, aimable enchanteresse,
En donnant l'immortalité,
Peut chatouiller la vanité,
Mais n'excite point la tendresse:
Le myrthe heureux de la Déesse
Qui préside à la volupté,
Rarement s'élève à côté
Des lauriers brillans du Permesse.
Le Dieu des vers, je le confesse,
Du Dieu d'amour est peu fêté,
Et je plains fort, je vous assure,
Ces amoureux toujours rimans,
Qui doublement à la torture,
Et comme auteurs et comme amans,
Pour attendrir mieux leur Climène,
Vont présenter à l'inhumaine,
Avec l'hommage de leur cœur,
Quelque poétique fadeur,
                    Quelqu'innocente

Quelqu'innocente chansonnette
Qu'elle parcourt à sa toilette,
Et qu'elle oublie avec l'auteur,
Pour quelqu'amant moins bon rimeur,
Mais des charmes de la coquette
Bien plus solide adorateur.

CONSTANCE, je pense de même,
On peut très-bien, en vérité,
Dire sans rimer : je vous aime.
Un mot seul vaut un long poëme,
Quand c'est le cœur qui l'a dicté.
D'un amant la brûlante ivresse,
Sa douce sensibilité,
Sa touchante timidité
Près de l'objet qui l'intéresse,
Ses yeux, au gré de sa maîtresse,
Tantôt rayonnans de gaîté,
Tantôt éteints par la tristesse :
Voilà les preuves de tendresse
Dont est jalouse la beauté.

JE sais que l'amant de Glycère,
Que nos Lafare, nos Chaulieux,
Ont chanté l'Amour et sa mère :
Mais ils chantaient l'Amour heureux.
L'art des vers fut toujours chez eux
Accompagné de l'art de plaire :
Quand ils célébraient leur bergère,

Ils la célébraient sous ses yeux,
Et de leurs écrits amoureux
Chaque ligne, je le parie,
Etait précédée ou suivie
De cent baisers voluptueux,
Ou de Corinne ou de Silvie.

Pour moi, sans être aimé comme eux,
Cependant pour plaire à Constance,
Je vais chanter loin de ses yeux :
Mais que de talens précieux,
Accusant déjà mon silence,
Demandent des vers dignes d'eux !
Et ses propos ingénieux
Dont le sel piquant nous réveille,
Et les accens mélodieux
Dont sa voix flatte notre oreille,
Et la finesse de ses yeux,
Et le sourire gracieux
Qui naît sur sa bouche vermeille,
Tout vient me charmer à-la-fois :
J'hésite, embarrassé du choix,
Et, semblable à la jeune abeille
Qui, quand Flore ouvre sa corbeille,
Indécise entre les couleurs
Et les parfums de mille fleurs,
Ne sait où reposer son aile,
Charmé de mille attraits divers,
J'oublie et la rime et les vers,

Et ne sais m'occuper que d'elle.

Pour y rêver, plus d'une fois
Dans les jardins et dans les bois
Errant avant l'aube nouvelle,
Je dis : que n'est-elle en ces lieux !
Sur ces gazons voluptueux,
Je reposerais auprès d'elle :
Ma main, de la fleur la plus belle,
Parfumerait ses beaux cheveux ;
Plein d'un transport délicieux,
Je la conduirais sous les ombres
De ces bosquets mystérieux :
Car, à côté de deux beaux yeux,
On sait que les lieux les plus sombres
Sont ceux où l'on se plait le mieux.
Vains regrets ! desir inutile !
Constance, ornement de la ville,
Dédaigne la rusticité
De ce champêtre et simple asyle :
Allons, le sort en est jeté,
Allons près de l'enchanteresse
Admirer encor sa beauté,
Et me plaindre de sa sagesse.

A MADEMOISELLE DE B**,

AGÉE DE HUIT JOURS.

Toi dont j'ai vu couler les premiers pleurs
Et naître le premier sourire ,
Je vais sur ton berceau répandre quelques fleurs.
Pour prix du zèle qui m'inspire,
Que dans ces vers un jour papa t'apprenne à lire,
Et c'est trop m'en récompenser.
Je sais qu'en un âge aussi tendre,
Tu ne peux encor les comprendre :
Mais moi , j'ai du plaisir à te les adresser ;
Même avant de sentir, tu sais intéresser.
Mes vers au moins n'ont rien dont je rougisse.
Que d'autres, célébrant des mortels corrompus,
Encensent dans de vieux Crésus
La décrépitude du vice ,
Je célèbre dans toi l'enfance des vertus.
L'enfance est si touchante ! eh ! quelle ame si dure
N'éprouve en sa faveur le plus tendre intérêt ?
Tous les êtres naissans ont un charme secret :
Telle est la loi de la nature.
Ces ormeaux orgueilleux, leur verte chevelure,

M'intéressent bien moins que ces jeunes boutons,
Dont je vois poindre la verdure,
Ou que les tendres rejettons
Qui doivent du bocage être un jour la parure.
Le doux éclat de ce soleil naissant
Flatte bien plus mes yeux que ces flots de lumière,
Qu'au plus haut point de sa carrière
Verse son char éblouissant.

L'été, si fier de ses richesses,
L'automne qui nous fait de si riches présens,
Me plaisent moins que le printems
Qui ne nous fait que des promesses.

Ciel, retranche aux jours nébuleux
De la lente vieillesse :
Abrège les jours orageux
De l'impétueuse jeunesse :
Mais prolonge les jours heureux
Et des ris innocens et des folâtres jeux !

Le vrai plaisir semble fait pour cet âge :
L'épanouissement d'un cœur encor nouveau,
Du sentiment le doux apprentissage,
L'univers par degrés déployant son tableau,
Ce sang si pur qui coule dans les veines,
Des plaisirs vifs et de légères peines,
L'esprit sans préjugés, le cœur sans passions,
De l'avenir l'heureuse insouciance,

Pour tous palais, des châteaux de cartons,
   Et pour richesses des bombons,
   Voilà le destin de l'enfance:
   Ah! la saison de l'innocence
   Est la plus belle des saisons.

VERS

Sur ce qu'on reprochait à l'Auteur qui travaillait aux Géorgiques, de n'avoir pas encore traduit le quatrième livre, sur les Abeilles.

Oui, je les chanterai ces aimables Abeilles:
   Mais je veux voir notre horizon
Semé par le printems de couleurs plus vermeilles,
   Et les chanter dans leur saison.
L'hiver m'a rendu triste et paresseux comme elles.
   Ma Muse, ainsi que ces filles du Ciel,
A besoin des beaux jours pour déployer ses ailes,
Pour recueillir des fleurs et composer son miel.

HYMNE A LA BEAUTÉ,

*Fragment d'un poëme sur l'*IMAGINATION.

Toi que l'antiquité fit éclore des ondes,
Qui descendis du ciel, et règnes sur les mondes;
Toi qu'après la bonté l'homme chérit le mieux,
Toi qui naquis un jour du sourire des Dieux,
Beauté! je te salue. Hélas! d'épais nuages
A mes yeux presqu'éteints dérobent tes ouvrages.
Voilà que le printems reverdit les côteaux,
Des chaines de l'hiver dégage les ruisseaux,
Rend leur feuillage aux bois, ses rayons à l'aurore;
Tout rénait: pour moi seul, rien ne renaît encore;
Et mes yeux, à travers de confuses vapeurs,
Ont à peine entrevu ces tableaux enchanteurs.
Plus aveugle que moi, Milton fut moins à plaindre:
Ne pouvant plus te voir, il sut au moins te peindre:
Et lorsque par leurs chants préparant ses transports,
Ses filles avaient fait entendre leurs accords,
Aussitôt des objets les images pressées
En foule s'éveillaient dans ses vastes pensées:
Il chantait: et tes dons, tes chefs-d'œuvre divers,
Eclipsés à ses yeux, revivaient dans ses vers.

Hélas ! je ne puis pas égaler son hommage :
Mais dans mes souvenirs j'aime encor ton image.
Source de volupté, de délices, d'attraits,
Sur trois règnes divers tu répands tes bienfaits.
Tantôt, loin de nos yeux, dans les flancs de
 la terre,
En rubis enflammés tu transformes la pierre :
Tu donnes en secret leurs couleurs aux métaux,
Au diamant ses feux, et leur lustre aux crystaux.
Au sein d'Antiparos, tu filtres goutte à goutte
Tous ces glaçons d'albâtre, ornement de sa voûte,
Edifice brillant qui, dans ce noir séjour,
Attend que son éclat brille à l'éclat du jour.
Tantôt, nous étalant ta pompe éblouissante,
Pour colorer l'arbuste, et la fleur, et la plante,
D'or, de pourpre et d'azur, tu trempes tes pin-
 ceaux.
C'est toi qui dessinas ces jeunes arbrisseaux,
Ces élégans tilleuls et ces platanes sombres,
Qu'habitent la fraicheur, le silence et les ombres,
Dans le monde animé, qui ne sent tes faveurs ?
L'insecte dans la fange est fier de ses couleurs.
Ta main du paon superbe étoila le plumage :
D'un souffle, tu créas le papillon volage.
Toi-même, au tigre horrible, au lion indompté,
Donnas leur menaçante et sombre majesté.
Tu départis aux cerfs la souplesse et la grâce.
Tu te plus à parer ce coursier plein d'audace,

Qui, relevant sa tête et cadençant ses pas,
Vole et cherche les prés, l'amour et les combats.
A l'aigle, au moucheron, tu donnas leur parure:
Mais tu traitas en roi le roi de la nature.
L'homme seul eut de toi ce front majestueux,
Ce regard tendre et fier, noble, voluptueux,
Du sourire et des pleurs l'intéressant langage;
Et sa compagne, enfin, fut ton plus bel ouvrage.
Pour elle, tu choisis les trésors les plus doux,
Cette aimable pudeur qui les embellit tous,
Tout ce qui porte au cœur, l'attendrit et l'enflamme,
Et les grâces du corps, et la douceur de l'ame.
L'homme seul contemplait ces globes radieux :
Sa compagne parut, elle éclipsa les cieux.
Toi-même t'applaudis, en la voyant éclore :
Dans le reste on t'admire, et dans elle on t'adore.
Que dis-je ? cet éclat, des formes, des couleurs,
O Beauté ! ne sont pas tes plus nobles faveurs.
Non, ton chef-d'œuvre auguste est une ame sublime :
C'est l'Hôpital, si pur dans le règne du crime;
C'est Molé, du coup-d'œil de l'homme vertueux,
Calmant d'un peuple ému les flots impétueux;
C'est Bayard, dans les bras d'une mère plaintive,
Sans tache et sans rançon remettant sa captive;
C'est Crillon, c'est Sully, c'est toi, divin Caton!
Tenant entre les mains un poignard et Platon,
Parlant, et combattant, et mourant en grand-homme,
Et seul resté debout sur les débris de Rome.

AMÉLIE ET VOLNIS,

*Épisode d'un poëme sur l'*IMAGINATION.

J'AI dit les maux d'Amour, ses plaisirs, ses prestiges,
J'en ai peint les effets : qui peindra ses prodiges?
Qui saura m'exprimer comment ses traits puissans
Trompent la mort, l'absence, et les lieux et les ans ?

VOYEZ-VOUS ce visage, où d'une ame flétrie
Se peint la douloureuse et lente rêverie;
Qui, gai par intervalle, et souvent dans les pleurs,
D'un sourire paisible adoucit ses malheurs ?
D'un amant qui n'est plus, amante infortunée,
Et par un long délire à l'espoir condamnée,
Elle l'attend toujours : elle croit que la mer
Lui retient cet objet à ses desirs si cher.
Dans ces mêmes chemins connus de sa tendresse,
Cet invincible espoir la ramène sans cesse :
Elle arrive.... son œil jette de toutes parts
Sur l'immense Océan ses avides regards :
Elle demande aux flots si des rives lointaines,
Le vent ramène enfin l'objet de tant de peines:

Rien ne paraît.... Allons !.. il reviendra demain,
Se dit-elle.... et reprend tristement son chemin.
Le lendemain arrive : elle vient dès l'aurore,
Attend, soupire.... et part.... pour revenir encore...
Tant l'amour sait nourir son triste enchantement ?

Que dis-je? dans l'excès d'un fol égarement,
Même après le trépas, l'amour voit ce qu'il pleure :
Il le voit, il l'entend, l'entretient à toute heure.

O pour tracer des maux si dignes de mes chants,
Si je pouvais trouver des sons assez touchans !...
De deux jeunes amans je dirais l'aventure.
Amour ! toi qu'une fade et vulgaire imposture
Met toujours dans les ris, sur un trône de fleurs,
Pardon, si je te place en un lieu de douleurs.
Ah ! si l'on y goûta tes plus pures délices,
Viens m'aider à les peindre. En l'un de ces hospices
Dotés par les secours, et fondés par les mains
De ce pieux Vincent, bienfaiteur des humains,
Dont le modeste nom, digne de la mémoire,
De tous les conquérans anéantit la gloire,
Une jeune novice, à la fleur de ses ans,
Donnait aux malheureux ses soins compatissans.
Les Grâces arrangeaient son simple habit de
        bure,
Les Grâces se plaisaient à sa simple coifure :
Dans ses traits ingénus respirait la candeur,
Son front se colorait d'une aimable pudeur.

Tout en elle était calme : une douceur modeste
Réglait sa voix , son air , son silence , son geste.
Ses yeux , d'où sa pensée à peine osait sortir ,
N'exprimaient rien encore , et faisaient tout sentir :
On eût dit qu'en secret la douce indifférence
D'un ascendant suprême attendait la puissance.

TEL ce chef-d'œuvre heureux de l'amour et
       des arts,
La jeune Galathée enchantait les regards ,
Lorsqu'essayant la vie et son ame naissante ,
N'étant déjà plus marbre , et pas encore amante,
Entr'ouvrant par degrés ses paupières au jour ,
Pour achever de vivre , elle attendait l'Amour.

AINSI dans sa langueur doucement recueillie ,
En une aimable paix reposait Amélie :
Ou si son cœur s'ouvrait à quelque impression ,
C'était de la bonté la douce émotion ,
Qui, sur ce beau visage où la grâce respire ,
De l'aimable pitié répandait le sourire.
A l'ombre de ces murs , ignorant les humains ,
Ce cœur , si jeune encore , ignorait les chagrins.
Cependant sur son front , je ne sais quel nuage ,
S'il n'en était l'effet , en était le présage.
On eût dit , à la voir , que l'instinct de son cœur
Eût avant le plaisir deviné la douleur;
Et les traits si touchans de la jeune Amélie
S'embellissaient encor par la mélancolie :

                                 Rien

Rien d'ailleurs n'altérait le calme de ses traits.
Ah ! puisse le malheur ne l'altérer jamais!...

Cependant le jour vint où cette ame si pure
Reçut profondément la première blessure.
Un jeune-homme, mourant à la fleur de ses jours,
Volnis (c'était son nom), sans amis, sans secours,
Dans ce danger pressant, oubliant sa naissance,
Des charitables sœurs implora l'assistance.
Jamais rien de plus beau ne parut sous les cieux.
En longs et noirs anneaux s'assemblaient ses
        cheveux :
Ses yeux noirs, pleins d'un feu que son mal
        dompte à peine,
Etincelaient encor sous deux sourcils d'ébène ;
Et son front noble et fier où se peignait son cœur,
S'embellissait encor de sa douce pâleur.

Tel, moissonné trop tôt, tombe et languit
        sur l'herbe,
Ou la sombre hyacinthe, ou le pavot superbe:
Tel meurt avant le tems, sur la terre couché,
Un lys que la charrue en passant a touché.

Il fut reçu mourant dans le pieux hospice.
Des charitables soins l'honorable exercice
Distinguait Amélie entre toutes les sœurs.
Son devoir l'appela près du lit de douleurs.

9

A leur premier abord, leurs regards se cherchèrent :
A leur premier regard, leurs cœurs se ren-
    contrèrent :
Tant des rapports cachés le rapide ascendant
Sait allumer bientôt l'amour le plus ardent !...
Mais un respect timide, une pudeur secrette
Renfermait dans leurs cœurs leur tendresse muette :
Du plaisir de se voir leurs yeux embarrassés,
Levés timidement, étaient soudain baissés.
Volnis s'appuyait-il sur le sein d'Amélie ?
De quel trouble charmant elle était embellie !..
Qu'elle donnait de prix à ces soins délicats
Qui veulent être vus, et ne se montrent pas !...
En silence elle offrait, pour calmer sa souffrance,
Des secours que Volnis recevait en silence.

MAIS que de fois l'amour qu'elle enferme en
    son sein
Faisait trembler la coupe en sa timide main.
Offerts par cette main que lui-même eût choisie,
Les sucs les plus amers lui semblaient ambroisie :
Reçus d'une autre main, pour son corps abattu,
Les sucs les plus puissans demeuraient sans vertu....
Quels siècles s'écoulaient dans les momens d'absence !
Quel doux tressaillement annonçait sa présence !
Dans ces nuits sans sommeil, dans ces jours
    sans repos,
La voir ou l'espérer adoucissait ses maux....

Souvent, pour prolonger une aussi chère vue
Il eût voulu nourrir le poison qui le tue;
Et rendant en secret graces à sa langueur,
Des remèdes trop prompts implorait la lenteur.

TOUT-A-COUP, transporté de joie et d'espérance,
Il conçoit un projet qui l'enivre d'avance.
A peine relevé de ce lit douloureux,
Son œil osa fixer Amélie et les cieux :
« O fille vertueuse ! ô mon dieu tutélaire,
» Dit-il avec transport !... que sert un vain mystère ?
» Nos feux se sont trahis.... et ces feux innocens
» Ne sont pas, tu le sais, le délire des sens :
» Formés dans la douleur, nourris dans la
        souffrance,
» Ils s'épurent encor par la reconnaissance.
» C'est par toi que je vis, daigne vivre pour moi:
» Ne me fais pas haïr des jours sauvés par toi.
» D'un amour malheureux trop malheureuse fille,
» Tu n'as, on me l'a dit, ni parens ni famille :
» Eh bien ! ces sentimens qu'eût partagés ton cœur,
» Sur moi seul réunis, feront mieux mon bonheur....
» Je suis libre, tu l'es...Viens, ma chère Amélie!
» Viens, je veux te devoir le bonheur et la vie.»

TEL qu'un jeune arbrisseau dans la serre nourri
Ne quitte qu'à regret son sûr et doux abri :

En vain d'un ciel brillant la liberté l'appelle,
Timide, il craint les vents et leur souffle infidèle.
Ainsi, les yeux baissés, rougissant de pudeur,
Amélie en pleurant accepte le bonheur.

Les beaux jours renaissaient, la terre était plus belle,
Le fortuné Volnis s'embellissait comme elle,
Et goûtait à loisir, dans un riant séjour,
La santé, le repos, le printems et l'amour.
Que renaître au printems est un charme suprême !
Mais combien les beaux jours sont plus beaux
           quand on aime !
Tous deux savaient jouir de ces charmes touchans :
Le véritable amour se plaît toujours aux champs.
« Vois-tu, disait Volnis, ces fleurs, cette verdure ?
» Du ruisseau libre enfin, entends-tu le murmure ?
» Tout revit au printems, tout se ranime, et moi,
» Dans mon printems, hélas! j'étais flétri sans toi.
» Sans toi, mes yeux jamais n'auraient revu l'aurore,
» Ni ces riches couleurs dont le soir se décore,
» Ni cet astre des nuits, ni ce jour enchanteur,
» Doux comme ton regard, et pur comme ton cœur ».

Il disait, et tous deux mêlant leurs douces larmes,
De la nature ensemble ils goûtaient mieux les
           charmes.
Hâtez-vous, couple heureux, hâtez-vous de jouir!
Ces boutons que l'aurore a vu s'épanouir,

Peut-être avant le soir vont céder à l'orage :
Ah ! que de vos destins ils ne soient pas l'image !
Vains souhaits !.. Amélie, au milieu du bonheur,
N'avait pas vainement pressenti le malheur.
Des parens qu'illustrait le nom de leurs ancêtres,
Visitèrent Volnis en ces réduits champêtres.
Amélie essuya leur superbe dédain,
Et son cœur en conçut un long et noir chagrin :
Non que sa vanité, secrètement blessée,
Ne sût pas d'un dédain supporter la pensée ;
Mais de ce cœur si pur le noble sentiment
Se reprochait d'avoir dégradé son amant.
Le cœur voudrait toujours ennoblir ce qu'il aime.
Amélie enferma son désespoir extrême ;
Et Volnis, de ce cœur sensible, mais discret,
S'efforça vainement d'arracher le secret.
Mais un jour qu'ils passaient, rêveurs et solitaires,
Dans un salon rempli des portraits de ses pères,
L'esprit déjà frappé, d'un accent plein d'effroi :
« Les voyez-vous, dit-elle ? ils ont honte de moi. »
Elle dit, et s'enfuit au fond de sa retraite.
Dès-lors rien ne calma sa douleur inquiète,
Dès-lors son tendre époux, de moment en moment,
Vit se décolorer ce visage charmant,
Et malgré ses secours, des ames la plus belle
S'exhala doucement d'un corps si digne d'elle :
Comme, au gré d'un feu pur, s'exhale vers les cieux
D'un beau vase d'albâtre un parfum précieux.

POUR pleurer tant d'amour, de vertus et de
    charmes,
Le malheureux Volnis a-t il assez de larmes?
Non, il ne pleure point; mais son œil éperdu
Voit sans cesse présent l'objet qu'il a perdu :
Il le voit, il l'entend, il poursuit son image.
Tantôt il l'entrevoit à travers un nuage,
Tantôt, comme au retour d'un voyage lointain :
« O charme de ma vie, je te revois enfin!...
» Pourquoi m'as-tu privé de ta douce présence?
» Dieux! combien j'ai souffert pendant ta
    longue absence! »
Tantôt, dans son délire, heureux de revenir
Vers ce lit de douleur, cher à son souvenir,
Il croit se voir soigner par l'objet qu'il adore :
Vers cet objet touchant sa main s'étend encore...
Tantôt, au bord des eaux, dans ces bois, dans
    ces lieux,
Que tous deux parcouraient, qu'ils chérissaient
    tous deux,
Il croit voir sa présence embellir ces campagnes;
Souvent il la demande à ses jeunes compagnes.
Les fleurs qu'elle élevait frappent elles ses yeux?
« Donnez, qu'à son réveil j'en pare ses cheveux.»
Tantôt de son hymen il apprêtait la fête :
La couronne de rose et la pompe était prête.
Mais soudain la raison lui rendant son malheur,
L'affreuse vérité retombait sur son cœur....

Alors ses yeux troublés ne voyaient que ténèbres,
Que crêpes, que linceuils et que torches funebres,
Il marchait, s'asséyait, se levait sans dessein,
Commençait un discours, l'interrompait soudain.
A force de douleur, quelquefois plus tranquille,
Un long accablement le rendait immobile.
Tels on voit enchaînés dans leur triste repos,
Ces simulacres vains, pleurant sur des tombeaux.
Mais toujours il revoit cette image si chère.

VAINEMENT l'amitié tenta de le distraire.
Lorsqu'un hasard heureux que rien n'eût pu prévoir,
D'adoucir sa douleur fit naître quelque espoir.
Une jeune beauté, d'une grâce accomplie,
(Dieux! comment pûtes-vous faire une autre
          Amélie) ?
De celle qui n'est plus, intéressant portrait,
De cet objet charmant rappelait chaque trait.
C'était son doux maintien, son aimable indolence,
Le charme de sa voix, celui de son silence :
On croyait voir son air, sa démarche, ses yeux.
Deux gouttes de rosée ou du nectar des dieux,
Deux matins, deux printems, deux des plus
          fraîches roses,
Sur une même tige, à la même heure écloses,
Se ressembleraient moins. Par ce nouvel objet,
De distraire son cœur on forma le projet :
Heureux si cette aimable et douce ressemblance
Pouvait de sa douleur tromper la violence !

Sous un voile d'abord on cacha ses attraits :
Il vient, le voile tombe, et laisse voir ses traits.
Il tressaille à sa vue, et d'un regard avide
Il la fixe en gardant un silence stupide :
Puis égaré de joie, et de crainte, et d'amour,
Son œil sur deux objets semble errer tour-à-tour.
Enfin, jettant un cri : « Mes amis ! quel prestige !
» Elles sont deux ! » L'amour avait fait ce prodige :
L'amour montrait de même à ses yeux éperdus,
Et celle qui respire, et celle qui n'est plus,
Tant avec ce penchant toujours d'intelligence,
L'*Imagination* lui prête sa puissance !

RÉPONSE IMPROMPTU

A cette question : Que faut-il pour être heureux ?

Pour être heureux, que faut-il ? De la vie
   Faire deux parts : une moitié
Est pour l'amour, l'autre pour l'amitié ;
Et toutes deux je les donne à Sylvie.

VERS

À madame la comtesse de B**, sur son Jardin d'A * *.

J'AI parcouru ce jardin enchanté,
Modeste en sa richesse, et simple en sa beauté.
Qu'on vante ces jardins tristement magnifiques,
Où l'art, de ses mains symétriques,
Mutile avec le fer les tendres arbrisseaux,
Où des berceaux pareils répondent aux berceaux,
Où le sable jaunit les terres nivelées,
Où l'ennuyeux cordeau dirigea les allées,
Où l'œil devine tout, et prompt à tout saisir,
D'un seul regard dévore son plaisir.
Mais que j'aime bien mieux l'énergique franchise
Et la variété de ces libres jardins,
Où le dédale des chemins
M'égare doucement de surprise en surprise,
Ces bouquets d'arbres verds négligemment épars,
Et cet heureux désordre, et ces savans hasards !
En contemplant cette heureuse imposture,
Ces naïves beautés dont Plutus est jaloux,
J'ai dit de vos jardins ce que l'on dit de vous :
C'est l'art conduit par la nature.

Cet asyle délicieux ,
Peuplé de bois , tapissé de prairies ,
Inspire , dites—vous, de doctes rêveries :
Mais celle qui l'habite inspire beaucoup mieux ;
Et malgré les attraits de ces simples retraites ,
Ce n'est pas la beauté des lieux
Qui fait rêver dans les lieux où vous êtes.

POUR DEUX SŒURS.

Si Chloris est charmante, Iris n'est pas moins belle ,
Entre ces deux objets, mon cœur reste flottant.
Me m'en offrez qu'un seul , je vais être fidèle :
Offrez-les-moi tous deux, je vais être inconstant.

FRAGMENT

Du poëme intitulé : MALHEUR ET PITIÉ.

HÉLAS ! plus d'un Français, dans ces momens
   funestes,
Se montra des Français l'implacable ennemi ;
Tel ne fut pas ton cœur, toi, courageux ami
De ceux que poursuivait la fortune inhumaine;
Toi, que chérit Bellone, ainsi que Melpomène,
Qui, parant la vertu par d'aimables dehors,
Joint la beauté de l'ame à la beauté du corps.
Qu'on ne me vante plus le chantre de la Thrace
Des tigres, des lions apprivoisant l'audace.
Ton art qui, dans la Grèce, aurait eu des autels,
O Marin ! sut dompter des monstres plus cruels,
Le désespoir affreux, la hideuse indigence.
Que de fois, au plaisir mêlant la bienfaisance,
Stérile pour toi seul, ton talent généreux
Mit son noble salaire aux mains des malheureux.
Ainsi, par le concours de brillantes merveilles,
Charmant le cœur, l'esprit, les yeux et les oreilles,
On te vit, tour-à-tour, vouer à nos malheurs,
Ta lyre et ton épée, et ton sang et tes pleurs.

Le concert de vertu, de grâce et de génie,
Ah ! voilà ta plus belle et plus douce harmonie.
Tel, beau, jeune et vainqueur, le dieu de l'Hélicon
Chantait, touchait sa lyre et combattait Python (1).

FRAGMENT

DU POEME DE L'IMAGINATION.

LA MÉLANCOLIE.

AH ! quel bruit m'a frappé ? c'est un temple
   qui tombe :
Ainsi que les Romains, leur ouvrage succombe.
Mais ce lieu si riant n'en est pas attristé,
Et sa mélancolie accroît sa volupté.
O sentiment plus pur, plus doux que la folie !
Bonheur des malheureux, tendre mélancolie !
Trouverai-je pour toi d'assez douces couleurs ?
Que ton souris me plaît, et que j'aime tes pleurs !
. . . .
Dès que le désespoir peut retrouver des larmes,
A la mélancolie il vient les confier,
Pour adoucir sa peine et non pour l'oublier.

---

(1) Fragment inédit.

C'est

C'est elle qui, bien mieux que la joie importune,
Au sortir des tourmens accueille l'infortune ;
Qui, d'un air triste et doux, vient sourire au
  malheur,
Adoucit le chagrin et calme la douleur.
De la peine au bonheur, délicate nuance ;
Ce n'est pas le plaisir, ce n'est plus la souffrance ;
Le joie est loin encor, le désespoir a fui ;
Mais, fille du malheur, elle a des traits de lui.
Sauvage et se cachant à la foule indiscrète,
Le demi-jour suffit à sa sombre retraite.
De loin, avec plaisir, elle écoute les vents,
Le murmure des mers, la chûte des torrens.
C'est un bois qui lui plaît ; c'est un désert
  qu'elle aime ;
Son cœur plus recueilli, jouit mieux de lui-même :
La nature un peu triste est plus douce à son œil,
Elle semble en secret compâtir à son deuil.
Aussi l'astre du soir la voit souvent, rêveuse,
Regarder tendrement sa lumière amoureuse.
Ce n'est point du printems la bruyante gaité ;
Ce n'est point la richesse et l'éclat de l'été
Qui plaît à ses regards : non ; c'est la pâle automne,
D'une main languissante effeuillant sa couronne.
Que la foule, à grands frais, cherche un gros-
  sier bonheur !
D'un mot, d'un nom, d'un rire, elle nourrit
  son cœur :

Quand souvent des cités les brillantes orgies,
Au son des instrumens, aux clartés des bougies,
Etincellent par-tout de l'or des vêtemens,
Des éclairs de l'esprit, du feu des diamans,
Pensive, et sur sa main laissant tomber sa tête,
Un tendre souvenir est sa plus douce fête.
Viens donc, viens, charme heureux des arts et
    des amours,
Je te chante deux fois; inspire-moi toujours (1), etc.

VERS

SUR L'IMMORTALITÉ.

DANS sa demeure inébranlable,
Assise sur l'éternité,
La tranquille immortalité,
Propice au bon, et terrible au coupable,
Du Tems qui, sous ses yeux, fuit à pas de géant,
    Défend l'ami de la justice,
    Et ravit à l'espoir du vice
    L'asyle horrible du néant.

---

(1) Ce fragment n'a jamais été imprimé.

Oui, vous qui de l'olympe usurpant le tonnerre,
Des éternelles lois renversez les autels,
    Lâches oppresseurs de la terre,
    Tremblez, vous êtes immortels;
Et vous, vous du malheur victimes passagères,
Sur qui veillent d'un Dieu les regards paternels,
Voyageurs d'un moment aux terres étrangères,
    Consolez-vous, vous êtes immortels.

CROMWEL À CHRISTINE,

REINE DE SUÈDE,

EN LUI ENVOYANT SON PORTRAIT.

Vers de MILTON.

ASTRE brillant du Nord, intrépide amazone,
L'exemple de ton sexe et la gloire du trône!
Tu vois comme ce casque, au déclin de mes ans,
D'un front déjà ridé couvre les cheveux blancs.
A travers cent périls, dans des routes sans trace,
Les destins triomphans ont conduit mon audace.
Un peuple entier remit ses droits entre mes mains,
  Jaloux d'exécuter ses ordres souverains,

C'est pour lui que j'ai pris, que je garde les armes ;
Mais rassure ton cœur ; l'auteur de tant d'al-
    larmes,
Cromwel, dans ce tableau, se soumet à tes lois :
Ce front n'est pas toujours l'épouvante des rois.

FRAGMENT D'UN POEME

SUR L'IMAGINATION.

.... ELLE a fait Newton comme elle a fait Voltaire ;
Pénétrez de Newton l'auguste sanctuaire.
Loin d'un monde frivole et de son vain fracas,
De tous les vils pensers qui rampent ici-bas,
Dans cette vaste mer, de feux étincelante,
Newton plonge, il poursuit, il atteint ces grands corps,
Qui, jusqu'à lui, sans lois, sans règles, sans
    accords,
Roulaient, désordonnés, sous ces voûtes profondes :
De ces brillans cahos Newton a fait les mondes.
Atlas de tous ces cieux qui reposent sur lui,
Il se fait, l'un de l'autre, et la règle et l'appui,
Calcule leurs grandeurs, leurs masses, leurs
    distances.
C'est en vain qu'égarée en ces déserts immenses,

La comète espérait échapper à ses yeux ;
Fixes ou vagabonds, il poursuit tous ces feux
Qui, suivant de leur cours l'incroyable vîtesse,
Sans cesse s'attirant, se repoussent sans cesse,
Et par deux mouvemens, mais par la même loi,
Roulent tous l'un sur l'autre, et chacun d'eux
   sur soi.
O pouvoir du génie et d'une main divine !
Ce que Dieu seul a fait, Newton seul l'imagine;
Et chaque astre répète, en proclamant leur nom:
Gloire au dieu qui créa les mondes et Newton!

INSCRIPTION

Mise au bas de la statue de Louis XV,
sur la place de Rheims.

De l'amour des Français, éternel monument,
   Instruisez à jamais la terre
Que Louis en ces murs jura d'être leur père,
   Et fut fidèle à son serment.

LE RUISSEAU
DE LA MALMAISON.
VERS

Pour la fête de madame de **. [*C'est le Dieu du Ruisseau qui parle.*]

PARMI les jeux que pour vous on apprête,
Permettez, belle Eglé, que le Dieu du ruisseau,
Qui, charmé de baigner votre heureuse retraite,
Vous voit rêver souvent au doux bruit de son eau,
   Vienne s'unir à cette aimable fête.
C'est à vous que je dois le destin le plus beau.
Mes ondes, avant vous, faibles, déshonorées,
Sur un limon fangeux se traînaient ignorées :
C'est vous de qui les soins, par des trésors nouveaux,
   Ont augmenté les trésors de ma source ;
    C'est vous qui, dans leur course ;
   Sans les gêner, avez guidé mes eaux.
Vous, de Marly (1) Nayades orgueilleuses,
   Qu'au haut des monts vos eaux ambitieuses

_____

(1) La Malmaison est près de Marly.

S'élèvent avec peine , et fassent gémir l'air
Du bruit affreux de leurs chaines de fer :
    Moi , dans ma course vagabonde ,
  A son penchant j'abandonne mon onde.
  Que , dans de pompeuses prisons ,
Le marbre des bassins tienne vos eaux captives ?
    Entre des fleurs et des gazons ,
  Je laisse errer mes ondes fugitives.
Allez baigner des rois le séjour enchanté ,
Moi , j'arrose les lieux où se plait la beauté.
Là , prenant tour-à-tour vingt formes différentes ,
Mes flots se font un jeu d'exprimer dans leur cours
De la charmante Eglé les qualités brillantes,
Et savent toujours plaire en l'imitant toujours.
  La pureté de ces eaux transparentes ,
D'un cœur plus pur encor peint la naïveté ,
  Le jet brillant de ces eaux bondissantes
  De son esprit peint la vivacité.
  Voit-on mes flots, au gré de la nature ,
    Suivre négligemment leur cours ?
    C'est l'image de ses discours
    Qui nous plaisent sans imposture.
    J'aime à répéter dans mes eaux
  L'azur des cieux, les fleurs de mon rivage,
    Et la verdure des berceaux,
Mais j'aime cent fois mieux réfléchir son image.

VERS

Pour le portrait de M. le comte de BUFFON.

LA Nature, pour lui, prodiguant sa richesse ,
 Dans son génie et dans ses traits
 A mis la force et la noblesse ;
 En la peignant, il ~~peignit~~ ses bienfaits.

FIN.

www.ingramcontent.com/pod-product-compliance
Lightning Source LLC
Chambersburg PA
CBHW051744090426
42738CB00010B/2410